PETER WEISS:
DIE ERMITTLUNG

von

GERD WEINREICH

D1726216

VERLAG MORITZ DIESTERWEG
Frankfurt am Main

Die Reihe wird herausgegeben von Hans-Gert Roloff.

ISBN 3-425-06073-2

1. Auflage 1983

Umschlaggestaltung: Reinhard Schubert, Frankfurt am Main
Satz: graphoprint, Koblenz
Druck und Bindung: Weihert-Druck GmbH, Darmstadt

Inhalt

1 Allgemeine Grundlagen

Die *Ermittlung* ist ein politisches Stück. Es handelt von dem dunkelsten Kapitel in der ohnehin dunklen jüngeren deutschen Geschichte, von den Verbrechen der Nationalsozialisten in den deutschen Konzentrationslagern während der Zeit ihrer Herrschaft vom 30. Januar 1933 bis zum Kriegsende 1945. Eine ausgedehnte Beschäftigung mit dieser Geschichte, mit den Ursachen der sog. Machtergreifung Hitlers, mit den sozialen, ökonomischen, politischen und kulturellen Bedingungen in Deutschland, ist ebenso notwendig wie ein Auseinandersetzen mit der NS-Ideologie, wenn man den Hintergrund des Stückes annähernd begreifen will. Angesichts des komplexen Stoffes und der unübersehbaren Menge an Materialien und Forschungsarbeiten zur Zeit des Nationalsozialismus, kann eine solche Beschäftigung im vorliegenden Heft nur in sehr begrenztem Umfang erfolgen.

Das Stück handelt auch von der Nachkriegsentwicklung in Deutschland und davon, wie sich das Land seiner jüngsten Geschichte stellte.

1965, anläßlich des großen Frankfurter Auschwitz-Prozesses, veröffentlichte Peter Weiss sein Drama, also fast zwanzig Jahre nach den alliierten Kriegsverbrecherprozessen, die am 20.11.1945 in Nürnberg begannen und in denen ein erster Versuch unternommen wurde, juristisch und auch moralisch die Geschehnisse während der 12jährigen NS-Herrschaft aufzuarbeiten.

Der Autor, 1916 in Nowawes bei Berlin geboren, starb im Mai 1982. Seit 1939 lebte er in Schweden. Schon 1934 war er mit den Eltern – der Vater war jüdischer Abstammung – aus dem nationalsozialistischen Deutschland emigriert. Er entging damit den Konzentrationslagern und dem Schicksal von Millionen von Menschen, die in diesen Lagern den Tod fanden.

1.1. Literarhistorische Voraussetzungen

a) 1945-1965: Die verdrängte Vergangenheit

Scheinbar unbelastet durch die Hypotheken aus der Zeit der NS-Gewaltherrschaft – Millionen von Kriegstoten, Millionen von Erschlagenen, Erschossenen, Vergasten in den Konzentrationslagern – hatte sich der Großteil der deutschen Bevölkerung nach 1945 in den Wiederaufbau des zerstörten Landes gestürzt.

Nach den Entbehrungen der Kriegsjahre kümmerte man sich in erster Linie um die Erfüllung materieller Bedürfnisse und hatte für die so notwendige geistig-moralische Aufarbeitung der Vergangenheit und für eine Schulddiskussion keine Zeit, ja, die meisten wünschten, mit solchen Problemstellungen möglichst in Ruhe gelassen zu werden.

In einem Brief an Hans Werner Richter schreibt Peter Weiss 1965:

»So wie ich selbst, zusammen mit vielen andern Emigranten, die Chance zum Neubeginn verpaßt hatte, so wurde auch bei Euch die Chance verpaßt, man merkte es nur nicht unter dem äußeren Betrieb, der sich entfaltete. Die sozialistische Demokratie, die Ihr damals plantet, wurde unter dem Berg von Hirsebrei begraben. Und wenn jetzt dort, wo die gebratenen Tauben fliegen, alles auch nur so vor Effektivität und Aufschwung strotzt, so kann ich doch nur Schlafende sehn im Brei, sie liegen da schmatzend und schnarchend und wiederkäuend im Schlaf [...].« (Rapporte 2, S. 8)

An anderer Stelle desselben Briefes fährt Weiss fort:

»Dieser große schlafende Körper, als den ich Westdeutschland heute bei meinen Besuchen sehe, und von dem ich nur das Röcheln vernehme und die Anzeichen gesättigter Träume, zeigt nichts von den Veränderungen, die nach der Katastrophe, durch die dieses Land ging, zu erwarten gewesen wären. Es sind nur immer wieder diejenigen, die damals eigentlich hätten vernichtet werden sollen, doch dieser Vernichtung mit knapper Not entgingen, die noch daran tragen, und sie sind es, die sich mit dieser Katastrophe auseinandersetzen, sei es, weil viele von ihnen die Schuld übernommen haben, sei es, weil sie immer noch erfahren möchten, was damals eigentlich auf sie zukam. Für die Schläfer jedoch ist dies alles fern. Sie haben keinen Schaden daran genommen. [...] Einmal ließen sie sich dazu ausersehen, Bollwerk gegen das Judentum zu sein, jetzt sind sie Bollwerk gegen den Kommunismus.« (Ebd., S. 9f.)

Weiss arbeitete nach dem Krieg als Korrespondent für die schwedische Zeitung »Stockholms Tidningen«. In dieser Funktion betrat er 1947 erstmals wieder deutschen Boden. Was ihm, dem sensiblen Emigranten, damals vor allem auffiel, war eine erschreckende Selbstgefälligkeit: »[...] wie grauenhaft unbelehrt die Menschen geblieben sind, trotz der unermeßlichen Katastrophe. Alles nur kleinliches und klägliches Wegschieben der Schuld, Abladen auf andre. Beteuerung der eignen Unschuld. Unverbesserlich.« (Notizbücher 1971–1980, 1, S. 194)

Im Gegensatz zur DDR, der Weiss bei verschiedenen Gelegenheiten eine konsequente kritische Auseinandersetzung mit der nazistischen Vergangenheit bescheinigte – die DDR ist ein »Staat, der es sich zur Aufgabe gemacht hat, die Wurzeln des Faschismus zu vernichten und den Imperialismus zu bekämpfen« (Brief an Wilhelm Girnus, 28.12.1965, in: Rapporte 2, S. 32) –, nahm sich die Bundesrepublik Deutschland der Aufarbeitung des historischen Erbes nur halbherzig an. »Daß der Emigrant + Jude sich jetzt wieder – und immer noch – damit befaßt, während die andern, die das alles entfacht hatten, seelenruhig leben und gut schlafen –« (Notizbücher 1960–1971, 1, S. 228), diese unbegreifliche Diskrepanz war durch Stellungnahmen von höchster Ebene mit herbeigeführt worden.

So hatte der spätere erste Bundeskanzler, Adenauer, am 24.3.1946 zwar erklärt: »Die größte Aufmerksamkeit werden wir der Ausmerzung des nationalsozialistischen und militaristischen Geistes in Deutschland widmen müssen« (Die unbewältigte Gegenwart – Eine Dokumentation, S. 44), aber schon im Oktober 1952 forderte er vor dem Bundestag, »wir sollten jetzt mit der Naziriecherei einmal Schluß machen« (Die Neue Zeitung, Frankfurt/M., 24.10.52). Peter Weiss in einer Notiz von 1964: »Jetzt: laßt Gras darüber wachsen / *Die Verdrängung*« (Notizbücher 1960–1971, 1, S. 229). Die Verdrängung ging so weit, daß ehemals aktive Nationalsozialisten oder Sympathisanten des NS-Regimes Zugang zu höchsten Staatsämtern fanden, begonnen bei H. Globke, Mitautor der berüchtigten Nürnberger Rassengesetze, als Staatssekretär im Kanzleramt, über Prof. Th. Oberländer, Osteuropa-Experte des NS-Regimes, als Bundesminister für Vertriebene und Flüchtlinge, bis hin zu Hans Chr. Seebohm. Peter Weiss über ihn: »Der Verkehrsminister – früher Transportführer im KZ« (Notizbücher 1960–1971, 1, S. 244). Oder über einen anderen: »Früher bei der SS, Leiter der Bibliothek im Luftfahrtministerium, unmittelbar nach dem Krieg Organisator des Schulwesens in Hannover« (ebd., S. 246). Nur schleppend wurde gegen Beteiligte an NS-Verbrechen ermittelt und erst 1958 eine Zentralstelle für die Aufklärung von Naziverbrechen eingerichtet, »spät genug«, so Hannah Arendt in ihrem Buch über den 1961 in Jerusalem verhandelten Prozeß gegen Adolf Eichmann, den Organisator der Transporte in die Vernichtungslager (Arendt 1964, S. 38).

Dieser Prozeß wurde von der damaligen Bonner Regierung mit größter Zurückhaltung beobachtet, denn, so H. Arendt, man fürchtete, daß er »die ganzen Abscheulichkeiten des Hitlerregimes wieder aufwühlen« und eine neuerliche antideutsche Stimmung in der Welt hervorrufen könne (ebd., S. 42).

Eine solche Befürchtung war nicht von der Hand zu weisen, doch sollte man stattdessen nur »im Wohlstand leben und im VERGESSEN« (Notizbücher 1960–1971, 1, S. 230)? »Das schadet unserm Ansehn (noch von Auschwitz zu sprechen). Die Soldatenzeitung, die dies sagt, schadet unserm Ansehn – das sind alles Bagatellen, diese Prozesse – Unwichtigkeiten, an die kein Mensch mehr glaubt –« (ebd., S. 249), notierte Weiss voll Bitterkeit und suchte nach einer Erklärung für dieses »Sich Verweigern« vor einer Auseinandersetzung mit der Vergangenheit, für dieses Abstreifen von Vergangenheit. Unter dem Eindruck des Frankfurter Auschwitz-Prozesses schrieb er im Frühjahr 1964:

»In einem Land, in dem solch ungeheuerliche, grauenhafte Dinge geschehen sind, muß ein *kollektives Trauma* bestehen. Es ist ja bisher kaum angerührt worden. Würde man es *wirklich* ans Licht befördern, müßte dies zu einer nationalen Krise, einem Zusammenbruch führen. Das könnte man kaum verkraften. Deshalb die Verdrängung. Aber für die Generation, deren Eltern daran teilhatten. Deren Eltern alle *Massenmörder* waren. Mit den Leichen noch vergraben im Keller. Wie ist es für die? Müßte nicht die Frage überhandnehmen: Was habt ihr getrieben? (Übrigens für die SU in Hinsicht auf Stalinismus das Gleiche!) Hier liegt noch eine riesige Aufgabe, die bisher mit der Bezeichnung Vergangenheitsbewältigung höchstens neutralisiert wurde –« (ebd., S. 251f.)

Diese Frage, »Was habt ihr getrieben?«, stellten die Studenten der späten sechziger Jahre der Generation der Väter, stellten viele Jugendliche nach der Ausstrahlung des TV-Stücks *Holocaust* Anfang 1979 (vgl. Märthesheimer/Frenzel 1979). Die Studentenproteste begannen in einer Phase der deutschen Politik, als die rechtsextremistische NPD einen beängstigenden Aufstieg erlebte und zwischen 1966 und 1968 mit bis zu 9,8% (Baden-Württemberg 1968) der abgegebenen Stimmen in sieben Landtage einzog, »Holocaust« wurde gezeigt, als die Gewaltakte neonazistischer Gruppen gegen Linke, gegen Juden, gegen Ausländer an Schwere und Zahl zunahmen (vgl. Biermann 1982; Hennig 1982).

Die Folgen einer unzureichend geführten Auseinandersetzung mit der nationalsozialistischen Vergangenheit sind heute spürbarer denn je, spürbarer noch als 1965, als nach der Uraufführung der *Ermittlung* Weiss und der Regisseur Piscator in Drohbriefen als »jüdische Hurenböcke« und »Judensau« tituliert wurden (Notizbücher 1960–1971, 1, S. 389).

In zahlreichen rechtsextremistischen Publikationen wird gegenwärtig immer wieder provokativ behauptet, der millionenfache Mord in den Vernichtungslagern habe gar nicht stattgefunden, sei erlogen.

Nicht zuletzt die beunruhigende Ausbreitung rechtsradikaler Tendenzen in der Bundesrepublik veranlaßte Peter Weiss 1979 in einem Gespräch zu der Feststellung: »Was sich seit 1970 in Deutschland wieder aufbaute, das Gespenstische, weckt solche Assoziationen in mir, daß ich es kaum mehr längere Zeit in Deutschland ertragen könnte.« (Kässens/Töteberg, Gepräch mit Peter Weiss, in: Sammlung 2/1979, S. 228)

Peter Weiss' *Ermittlung* ist leider brandaktuell: »dies Stück wird wiederkommen, weil es nach wie vor in der Gegenwart spielt« (Hans Mayer, Rede auf Peter Weiss, gehalten in Köln am 22.10.1981, in: Text + Kritik 37/1982, S. 13).

b) Widerstand und Mitschuld als Themen der deutschsprachigen Nachkriegsdramatik

Entgegen der weithin feststellbaren Tendenz zur Bewältigung der Vergangenheit durch Verdrängung, war die Mehrzahl der deutschsprachigen Dramatiker der Nachkriegszeit nicht bereit, diesen Abschnitt der deutschen Geschichte durch Verschweigen gleichsam ungeschehen zu machen.

Vornehmlich unter den Gesichtspunkten von »Widerstand« und »Mitschuld« stellten Autoren der Bundesrepublik Deutschland und der DDR, Österreichs und der Schweiz kritische Fragen an die Zeitgenossen. Folgt man H. Geiger und seiner detailreichen Untersuchung »Widerstand und Mitschuld. Zum deutschen Drama von Brecht bis Weiss« (1973), so dominieren vier Themengruppen, in denen die genannten Aspekte zum Tragen kommen:

1. »Stücke über den Widerstand gegen Hitler, speziell über den 20. Juli 1944« (ebd., S. 10). Abgesehen von einigen Brecht-Dramen, die diese Problematik tangieren, findet man etwa sechs weitere Stücke, die sich vorrangig dieses Themas annehmen, u.a. Günther Weisenborns *Die Illegalen* (1946) und Wolfgang Graetz' *Die Verschwörer* (1965).
2. »Stücke über den Konflikt des Soldaten zwischen Befehl und Gewissen« (ebd.). Das Spektrum der Autoren reicht von Carl Zuckmayer (*Des Teufels General*, 1946, und *Der Gesang im Feuerofen*, 1949) über Claus Hubalek (*Die Festung*, 1957) bis zu Heinar Kipphardt (*Der Hund des Generals*, 1962), von Johannes R. Becher (*Winterschlacht*, 1941/45) bis zu Max Frisch (*Nun singen sie wieder*, 1945).
3. Stücke über den Konflikt von Naturwissenschaftlern, die an der Entwicklung von Vernichtungswaffen beteiligt sind. Hierzu gehören vor allem Kipphardts *In der Sache J. Robert Oppenheimer* (1962/64), auch Brechts *Leben des Galilei* (1938/39) und Dürrenmatts *Die Physiker* (1961).
4. »Stücke über die Mitschuld an der Etablierung des Terrors (Machtergreifung und ›Endlösung‹)« (ebd., S. 10). Viele der Bühnenstücke dieser Themenkategorie entstanden bereits während des Krieges im Exil der Autoren, z.B. Brechts *Furcht und Elend des Dritten Reiches* (1935/38) und *Der aufhaltsame Aufstieg des Arturo Ui* (1941), auch Friedrich Wolfs *Professor Mamlock* (1933).

Wurde mit diesen Schauspielen noch primär die Absicht verfolgt, über den wahren Charakter des etablierten NS-Regimes aufzuklären, so akzentuierten die Nachkriegsstücke mehr die Frage der Mitschuld an der Errichtung der Gewaltherrschaft. Zu denken ist an Frischs *Biedermann und die Brandstifter* (1957/58) und *Andorra* (1958/61), an Lenz' *Zeit der Schuldlosen* (1961) und Dürrenmatts *Besuch der alten Dame* (1955/56).

Diese Stücke enthielten »Proben auf die moralische Standfestigkeit des Einzelnen oder eines Kollektivs, das für die anvisierte Gesellschaft steht« (ebd., S. 165), doch waren es Parabeln, erdachte Beispiele, die eine Distanzierung des Betrachters vom Geschehenen erlaubten. Der objektivierende Wirklichkeitsanspruch war kaum sichtbar, politische und sozioökonomische Kausalitäten blieben verborgen.

Konkreter wurden dann in den sechziger Jahren Martin Walser mit seinem gesellschaftskritischen Realismus (*Der schwarze Schwan*, 1964) und vor allem Hochhuth (*Der Stellvertreter*), Kipphardt (*Joel Brand*) und Peter Weiss (*Die Ermittlung*), die es, z.T. mit völlig neuen

Dramenkonzeptionen und ungewohnten szenischen Mitteln, dem Zuschauer erschwerten, moralische Mitverantwortung und Mitschuld leichtfertig von sich zu weisen.

Die große Bedeutung dieser deutschsprachigen Dramatik der sechziger Jahre, und ich denke insbesondere an das dokumentarische Theater, kann nur begriffen werden, wenn man einen Blick auf die westdeutschen Bühnenspielpläne der Nachkriegszeit wirft.

Kaum »Widerstand/Mitschuld«-Stücke bestimmten nämlich die Programme, sondern Schauspiele wesentlich anderen Inhalts.

c) Der Weg zum Dokumentartheater der sechziger Jahre

Zwölf Jahre des Nationalsozialismus hatten das deutsche Theater von der internationalen Entwicklung abgeschnitten und auch der Strang zur nationalen Literatur der zwanziger Jahre war durchtrennt – »sie war vernichtet oder ins Exil getrieben worden« (Mennemeier 1975, S. 140).

Diese Tatsache, wie auch die Tendenz zur Verdrängung – hier: kritischer Fragen nach Widerstand und Mitschuld –, verschafften der ausländischen Dramatik von Beginn an einen starken Einfluß auf die Spielpläne westdeutscher Bühnen. Zuschaueranklang fanden vor allem religiös-metaphysische bzw. psychologisch-psychoanalytische Stücke aus dem anglo-amerikanischen und französischen Raum (Claudel, Wilder, Fry, Eliot und Auden, O'Neill und T. Williams), Schauspiele also, die nicht unmittelbar an die Zeit zwischen 1933 und 1945 rührten.

Dazu paßte gut, daß die Stücke Bertolt Brechts, dem 1948 bei seiner Rückkehr aus dem Exil die Einreise in die Bundesrepublik von den Amerikanern verweigert wurde, infolge des »Kalten Krieges« und wegen der ideologischen Abgrenzungsbemühungen bis zum Beginn der 60er Jahre für die meisten Theater des Landes tabu waren. Jean Anouilh hingegen und die Wegbereiter des Absurden (Beckett, Genet, Arrabal, Ionesco, Adamov und Bond) erfreuten sich großer Beliebtheit.

Das absurde Theater – seine deutschen Vertreter waren Grass und Hildesheimer –, das die Unveränderbarkeit der Welt und die Sinnlosigkeit des ganzen Lebens betonte, hatte in der Bundesrepublik »mehr Erfolg als irgendwo sonst. Das Vakuum, das Hitler hinterlassen hatte, war so vollkommen, daß es lange Zeit dauerte, bis wieder eine neue deutsche Dramatikergeneration von sich reden machen konnte.« (Esslin 1971, S. 213f.)

Neue kreative Impulse gaben dem deutschsprachigen Drama dann mehr als ein Jahrzehnt lang die Schweizer Frisch und Dürrenmatt mit ihren zwischen absurdem und Brechts epischem Theater angesiedelten Stücken.

Neue Wege beschritt auch Martin Walser, der Anfang der 60er Jahre drei gesellschaftskritische Stücke schrieb, in denen er die konventionelle Dramaturgie des psychologischen Theaters weiterentwickelte und mit Anregungen vom Brecht-Theater zu verbinden suchte (vgl. Durzak 1972, S. 21) – nicht mit großem Erfolg, wie Kritiker bemerkten, denn im Westen warf man ihm daraufhin Realitätsblindheit vor, während man ihn in der DDR der Perspektivlosigkeit zieh (vgl. Taeni 1968, S. 121).

Das DDR-Theater hatte sich die von Brecht propagierten dramaturgischen Thesen zu eigen gemacht und entsprechend einen für alle Kunstarten gültigen »sozialistischen Realismus« entwickelt, dessen Kriterien noch heute sind: Volksverbundenheit, Parteilichkeit, eine sinnlich-konkrete emotionale Form der Widerspiegelung, Darstellung des Allgemeingültigen durch das Typische, ein positiver Held.

Unabhängig davon erlebte das politische Theater in der Bundesrepublik zu Beginn der sechziger Jahre eine aufsehenerregende Belebung durch die sogenannten Dokumentarstücke. Sogenannt, weil die Kritik schon bald darüber stritt, welches Theater sich denn dokumentarisch nennen dürfe, zumal ja auch in herkömmlichen Stücken fast immer auf die eine oder andere Art Dokumente verarbeitet worden wären. (Vgl. dazu Blumer 1977)

Einigen Autoren war zu Bewußtsein gekommen, »wie wenig Aufmerksamkeit ihre republikanische Moralität in Wahrheit fand«, welches Mißverhältnis zwischen »Wirkungsabsicht und tatsächlicher Wirkung« bestand, und wie ihre »Wirklichkeitsbewältigung [...] vom trägen Bewußtsein der Zeitgenossen überhaupt nicht« registriert wurde. Neue Ausdrucksformen waren gefragt.

»Nicht mehr im Bereich der Moral allein sollte das Engagement bleiben; vielmehr sollte es unmittelbar in Praxis überführt werden.« (Theo Buck, in: Arnold/Buck 1977, S. 17)

Die Autoren, welche als Bahnbrecher des politischen Dokumentarstücks zu nennen sind, erzielten eine große nationale und internationale Wirkung. Hochhuth, Kipphardt und Weiss waren es, die dem deutschen Drama der Gegenwart plötzlich Weltgeltung verschafften. Später leisteten auch Grass, Dorst, Enzensberger und Forte dieser Form des radikal-politischen Theaters ihren literarischen Tribut, doch mit weniger Erfolg.

Weniger Künstlichkeit in der Kunst, mehr beweisbare Realität, Dokumente anstelle von Fiktion, Fakten statt Metaphern: dieses waren die dramaturgischen Postulate, die von den genannten Autoren allerdings mit unterschiedlicher Strenge ausgelegt wurden.

So erfüllte Hochhuths *Stellvertreter* (Uraufführung 1963) – als Vorreiter des dokumentarischen Theaters der Nachkriegszeit hingestellt – nur teilweise diese Forderungen. Das Stück, in dem Papst Pius XII. vorgeworfen wird, an der Vernichtung von Millionen von Juden mitschuldig geworden zu sein, weil er es unterlassen habe, offen gegen die nazistischen Judenverfolgungen Stellung zu beziehen, stützte sich zwar auf Dokumente, lebte aber nur begrenzt vom Dokumentarischen. Die Fiktion fand Zugang in einer Reihe von erfundenen Szenen, dichterische Mittel bestimmten »Sprache, Fabel und Charakterisierung« (Taeni 1968, S. 124).

Erwin Piscator, der den *Stellvertreter* inszenierte, nannte ihn ein »episches Stück, episch-wissenschaftlich, episch-dokumentarisch; ein Stück für ein episches, ›politisches‹ Theater, für das ich seit mehr als dreißig Jahren kämpfe« (Piscator, Vorwort zu Hochhuth, Der Stellvertreter. Reinbek 1963, S. 9).

Damit wies er auf seine eigenen Stücke und Inszenierungen aus den zwanziger Jahren hin (*Fahnen, Die Räuber, Trotz alledem*), in denen er das Dokument eingeführt hatte, um dem Publikum an aktuellen politischen Themen mit der Autorität des Belegs die gesellschaftlichen Widersprüche vorzuführen. In dieser Tradition steht das dokumentarische Theater. Allerdings legten Piscator wie auch sein politischer Mitstreiter Brecht, der die Piscatorschen Darstellungsmittel fortentwickelte, ihren Dramenstoffen noch erfundene Fabeln zugrunde.

Die ziemlich konsequente Ersetzung der »theatralischen Fiktion [...] durch dokumentierbare Realität« (Durzak 1972, S. 27) probten Kipphardt (*Oppenheimer* 1964, *Joel Brand* 1965) und vor allem Peter Weiss.

So stützte sich Kipphardt in seinem szenischen Bericht *In der Sache J. Robert Oppenheimer* fast ausschließlich auf die 3000 Protokollseiten des Oppenheimer-Hearings vor dem Sicherheitsausschuß der amerikanischen Atomenergiekommission. Er raffte aber nicht nur das Quellenmaterial und ordnete es neu an, sondern er formulierte es z.T. auch um, ergänzte und vertiefte es.[*]

In noch geringerem Grade bearbeitete Weiss die Dokumente des Auschwitz-Prozesses für die *Ermittlung*. »Reine ›Dokumentation‹«, so konstatiert Taeni, »begegnet uns bei den Werken der jüngsten Zeit strenggenommen nur in einem einzigen Falle, nämlich im dem des ›szenischen Oratoriums‹ *Die Ermittlung*« (Taeni 1968, S. 124).

Daß Taeni den Begriff »Dokumentation« in Anführungszeichen setzt, deutet schon darauf hin, daß es die völlig unverfälschte Wiedergabe nicht gibt, solange ein Autor auch nur die geringste Veränderung am ursprünglichen Material vornimmt. Man kann sich der reinen Dokumentation im Drama folglich nur annähern. Dieses ist auch einer der Punkte, wo die Kritik am Authentizitätsanspruch der Dokumentarstücke ansetzt, wo die scheinbar unangreifbare Objektivität der Belege und Beweise in Zweifel gezogen wird. Diese Frage wird später am Beispiel der *Ermittlung* noch deutlich werden.

Weiss kann als der bedeutendste Repräsentant des dokumentarischen Theaters angesehen werden, nicht nur, weil er noch weitere wichtige Proben in diesem Genre lieferte (*Gesang vom Lusitanischen Popanz*, 1965/66; *Viet Nam Diskurs*, 1966/67), sondern auch, weil er als einziger der sich der dokumentarischen Methode bedienenden Dramenautoren eine Theorie dieser Theaterform formulierte, nämlich in den *Notizen zum dokumentarischen Theater* aus dem Jahre 1968, mit denen wir uns in einem anderen Zusammenhang befassen werden (s.u. S. 29).

Im dramatischen Gesamtwerk des Autors nehmen die dokumentarischen Schauspiele eine zentrale Stellung ein.

Begonnen hatte Weiss mit Stücken surrealen (*Der Turm*, 1948) und absurd-grotesken Charakters (*Die Versicherung*, 1952). 1963 folgten die Moritat *Nacht mit Gästen* und der Einakter *Wie dem Herrn Mockinpott das Leiden ausgetrieben wird*.

Ebenfalls 1963 begann Weiss mit der Niederschrift des großen historisch-politischen Dramas *Die Verfolgung und Ermordung Jean Paul Marats dargestellt durch die Schauspielgruppe des Hospizes zu Charenton unter Anleitung des Herrn de Sade*, das 1964 uraufgeführt wurde und dem Autor schlagartig Weltberühmtheit verschaffte. Schon hier verwendete Weiss Dokumente, legte dem Stück aber eine erdachte Fabel zugrunde.[*]

Es folgte die Phase der engagiert politischen Dokumentarstücke: *Die Ermittlung* (1965), *Gesang vom Lusitanischen Popanz* (1965/66), *Viet Nam Diskurs* (1966/67). Mit seinen letzten dramatischen Werken *Trotzki im Exil* (1968/69), *Hölderlin* (1971; neue Fassung 1973) und der Bearbeitung von Kafkas *Der Prozeß* (1974), »kehrte Weiss zu einer Dramaturgie zurück, bei der wieder Einzelhelden im Mittelpunkt stehen und eine an den Helden gebundene Fabel erzählt wird« (Haiduk 1977, S. 201).

---

[*] Vgl. die ebenfalls in dieser Reihe erschienenen Hefte zu H. Kipphardt, *In der Sache J. Robert Oppenheimer* von Ferdinand van Ingen (MD-Nr. 6078) und zu P. Weiss, *Marat/Sade* von Gerd Weinreich (MD-Nr. 6074).

1.2 Stoff

a) Die geschichtlichen Grundlagen

Das Verfahren in der »Strafsache gegen Mulka und andere«, bekannt als der Auschwitz-Prozeß, der vom 20. Dezember 1963 bis zum 20. August 1965 in Frankfurt/M. stattfand, lieferte den Stoff zur *Ermittlung* von Peter Weiss. Dieser Prozeß, in dem 22 Personen des Mordes bzw. der Beihilfe zum Mord angeklagt waren, ist als der bislang größte und gewichtigste Prozeß wegen nationalsozialistischer Verbrechen in die deutsche Nachkriegsgeschichte eingegangen.

»Der Name Auschwitz ist auch heute noch ein Symbol dafür, was im Völkerrecht ›Genocid‹ genannt wird, ein Symbol für jenes System der Volksausrottung, für jene von der nationalsozialistischen Ideologie geheiligten Mordtaten, die zu verhüten und zu verhindern die Welt nicht imstande gewesen ist. In Auschwitz starben Millionen Menschen im Namen dieser Ideologie, sie starben unter unbeschreiblichen Qualen.« (Klappentext zu: Langbein 1965)

Insgesamt wurden in den nationalsozialistischen KZ- und Vernichtungslagern – Ende 1944 gab es 13 Hauptlager mit ungefähr 500 Nebenlagern – etwa 11 Millionen Menschen erschlagen, erschossen, vergast oder auf andere Weise zu Tode gequält, davon ca. 6 Millionen europäische Juden. Dieses geschah in Auschwitz, in Dachau, in Buchenwald, in Ravensbrück, Sachsenhausen, Neuengamme, Mauthausen, Majdanek, Bergen-Belsen, Treblinka, Lublin und vielen anderen KZ-Lagern in Mittel- und Osteuropa – ungehindert.

Was Hitler in seinem Buch *Mein Kampf* bereits 1924 angekündigt hatte, nahm unmittelbar nach der Machtergreifung 1933 konkrete Formen an. Es begann mit dem Aufruf zum Boykott aller jüdischen Geschäfte, der Existenzvernichtung jüdischer Ärzte, Rechtsanwälte und Staatsbeamter, der Ausschaltung jüdischer Künstler, Schriftsteller und Redakteure, führte – mittels der Nürnberger Rassegesetze von 1935 – über die totale Entrechtung der gesamten jüdischen Bevölkerungsgruppe, über die »Reichskristallnacht« vom 9./10. November 1938, über Pogrome, Massenverhaftungen und Massaker direkt in die KZ-Lager, deren erste schon im März 1933 eingerichtet worden waren.

»Endlösung der Judenfrage« war der Deckname für Hitlers Plan zur Ausrottung der Juden Europas. Gerechtfertigt wurde diese einerseits damit, daß angeblich eine »Verschwörung des Weltjudentums« Deutschland Schaden zufügen wolle (vgl. Reitlinger 1979, S. 3), andererseits mit einer Rassenmythologie, nach der die nordische (germanische, arische) Rasse zur Weltherrschaft über alle Völker bestimmt sei. Das deutsche Volk sei die Elite der nordischen Rasse, sei »Herrenschicht der Welt«. Der deutsche »Herrenmensch« dürfe und müsse nicht nur die jüdischen »Untermenschen« erbarmungslos vernichten, er habe auch das Recht, gegen alles, was nicht-arisch und nicht-nationalsozialistisch sei, rücksichtslos vorzugehen. Da Kommunismus und Demokratie nach dem Verständnis der Nationalsozialisten ohnehin nur raffinierte Spielarten im jüdischen Kampf zur Unterdrückung der nordischen Rasse waren, stand fest, welche anderen Personengruppen noch zur Verschleppung in die Lager bestimmt waren. Die Geheime Staatspolizei (Gestapo) unterschied zwischen fünf Gefangenenkategorien:

1. Politische Gegner: Hierzu zählten, neben Kommunisten und Sozialdemokraten, alle denkbaren Kritiker des NS-Regimes aus dem Bereich der Kirche, der Kultur usw.; auch rechnete man Angehörige der Internationalen Bibelforscher-Vereinigung (Zeugen Jehovas) zu dieser Kategorie.

2. Angehörige »minderwertiger Rassen« und »rassenbiologisch Minderwertige« (Formulierungen der Nationalsozialisten): hauptsächlich Juden und Zigeuner.
3. Kriminelle Häftlinge.
4. Sogenannte »Asoziale«, worunter die Gestapo z.b. einordnete: Landstreicher, kleine Taschendiebe, Alkoholiker, als »arbeitsscheu« denunzierte unbequeme Personen.
5. Homosexuelle.
(Die Angaben sind entnommen aus: Kogon 1974, S. 46–52)

Sobald die auf Hitler persönlich eingeschworene SS (Schutz-Staffel) unter Himmlers Führung im Jahre 1934 die Lager übernommen hatte, wurden die Häftlinge in die Aufrüstungs- und Kriegsvorbereitungspolitik eingespannt, sei es in SS-eigenen Betrieben, sei es in Betrieben der Privatindustrie.
In den vierziger Jahren entwickelten sich die Lager zu grausamen »Sklavenhalterbetrieben« (Antoni 1979, S. 15). Ständiger »Häftlingsnachschub« war notwendig, »da die physische Vernichtung der Arbeitskräfte ja mit einkalkuliert war und die ›Bestände‹ deshalb immer wieder aufgestockt werden mußten« (ebd.).
Im Zuge der Annexionen fremder Länder wurden Millionen von Russen, Polen, Slowaken usw. zur Zwangsarbeit in die Lager verschleppt. »Diese ›Vernichtung durch Arbeit‹ machte es möglich, die Ausrottung von Menschen in noch größerem Maßstabe zu betreiben und gleichzeitig der Industrie ein schier unerschöpfliches Reservoir [...] an billigen Arbeitskräften zu bieten.« (Ebd., S. 15f.)
Wer den Zwangsarbeitsalltag nicht mehr durchstehen konnte, der wurde in die Gaskammer getrieben.
An dieser tödlichen Ausbeutung der Häftlinge beteiligten sich zahlreiche deutsche Firmen, u.a. Siemens, Krupp, BMW, insbesondere aber die IG Farben, die beim Massenvernichtungslager Auschwitz einen ganzen Industriekomplex errichtet hatte. (Vgl. dazu Langbein 1965, Bd. 1, S. 58–67)
Die Stadt Auschwitz (Oświecim), zwischen Krakau (Krakow) und Kattowitz (Katowice) gelegen, hatte 1939 etwa 12 000 Einwohner. 1940 wurde hier das KZ-Lager errichtet und Rudolf Höß zum Lagerkommandanten ernannt (später abgelöst von Liebehenschel bzw. Bär). Die Gegend um Auschwitz ließ man fast vollkommen entvölkern und zum Sperrgebiet erklären. Am 14. Juni 1940 traf in Auschwitz der erste Häftlingstransport mit Polen ein, dem bald weitere folgten. Nach einem Besuch Himmlers im Jahre 1941 wurde das Stammlager Auschwitz um das drei Kilometer entfernte Lager Birkenau (Brzezinka) – geplant für 200 000 Menschen – erweitert, später noch um 40 weitere Neben-, Zweig-, Außen- und Arbeitslager.
Im selben Jahr fiel der »Entschluß, Auschwitz zur Hauptstätte der Juden-Vernichtung zu machen« (Langbein 1965, Bd. 1, S. 69). Auschwitz-Birkenau wurde mehr als ein »normales« KZ-Lager, wurde zum Massenvernichtungslager, wie auch Chelmo, Belzec, Sobibor, Treblinka und Majdanek. Im September 1941 waren 800 sowjetische Kriegsgefangene die ersten Opfer, die mit dem Schädlingsbekämpfungsmittel Zyklon B vergast wurden. Ab 1942 war dies die übliche Vernichtungsmethode für die »Endlösung«, mehrfach ließ man die Gaskammern erweitern und Krematorien bauen. Die Zahl der Auschwitz-Opfer ist nicht feststellbar, reicht aber in die Millionen.
Die »Selektionen« für die Auschwitzer Gaskammern fanden im Oktober 1944 ihr Ende. Wegen der heranrückenden sowjetischen Truppen wurden zehntausende in die Lager im Innern des Reiches verlegt und am Tage der Befreiung, am 26. Januar 1945, fand man nur noch wenige Invaliden vor. (Vgl. Reitlinger 1979, S. 509–524)

Nach Kriegsende konnte erst nach und nach rekonstruiert werden, was da eigentlich geschehen war. Man fand Überlebende und man fand Dokumente. So auch Notizen von Augenzeugen, jenen jüdischen Gefangenen, »die ihre eigenen Landsleute in den Gasöfen verbrennen mußten, um selbst später den gleichen Tod zu erleiden. [...] Im vollen Bewußtsein dessen, daß sie selbst diese Situation nicht überleben würden, zeichneten sie ihre Berichte über die Ereignisse auf. Sie vergruben sie in der Asche, die den Boden um die Krematorien von Auschwitz bedeckte.« (Lucy Dawidowicz, Die Massenvernichtung als historisches Dokument, in: Kogon, Metz u.a. 1979, S. 59)

Nach Kriegsende kam es in vielen Ländern zu Prozessen gegen NS-Täter. In der Bundesrepublik begannen diese nur schleppend. Selbst das Auschwitz-Verfahren wurde nur durch »einen Zufall ausgelöst« (Langbein 1965, Bd. 1, S. 21). »Gemächlich begannen die Behörden, sich mit diesem Fall zu befassen« (ebd., S. 22); trotz Strafanzeigen unternahmen sie lange nichts. Erst nach der Schaffung einer Koordinationsstelle zur Verfolgung von Nazi-Verbrechen und unter dem Eindruck des Jerusalemer Eichmann-Prozesses entwickelte die Justiz Aktivitäten, die schließlich zur Einleitung des 183 Verhandlungstage währenden Auschwitz-Prozesses führte.

b) »Die Massenvernichtung als literarische Inspiration«

»Die Massenvernichtung als literarische Inspiration« – unter diesen provozierenden Titel stellte ein Zeuge der Massenvernichtung, Elie Wiesel, eine Vorlesung, die er 1977 an der Northwestern University in Evanston/Illinois hielt (abgedruckt in: Kogon/Metz u.a. 1979, S. 21–50).

Ähnlich wie Adorno, der einmal bemerkte, es sei »barbarisch«, »nach Auschwitz ein Gedicht zu schreiben« (Adorno 1977, Bd. 10, 1, S. 30), meint Wiesel:

»Eigentlich darf es eine literarische Inspiration überhaupt nicht mehr geben, nicht mehr in Verbindung mit Auschwitz. ›Die Massenvernichtung als eine literarische Inspiration‹, das ist ein Widerspruch in sich selbst.
Wie in vieler Hinsicht hebt Auschwitz auch hier sämtliche geltenden Gesetze auf, zerstört es alle Grundsätze.
Jeder Versuch einer literarischen Darstellung wird jenes Erlebnis, das jetzt unserem Zugriff entzogen ist, nur verblassen und verarmen lassen.« (Kogon/Metz u.a. 1979, S. 25)

Etwas weiter fragt Wiesel:

»Wie kann man über eine Situation sprechen, welche jenseits jeder Beschreibung steht? Wie kann man eine Geschichte über die Massenvernichtung schreiben? Bevor ein Ereignis zum Gegenstand der Literatur werden kann, muß es einen möglichen Zugang zu ihm auf dem Weg der Identifikation geben. Aber wie soll ich mich mit so vielen Opfern identifizieren können? Schlimmer noch: wer kann sich schon mit den Vollstreckern dieses Massenmordes identifizieren?« (Ebd., S. 26)

Und er stellt dann erneut die Frage: »Kann ein solches Ereignis überhaupt zum Gegenstand von Worten werden? Welche Worte wären dazu notwendig?« (Ebd., S. 27)

Ich meine, es ist legitim, Wiesel so ausführlich zu zitieren. Denn seine Fragen und Zweifel waren ja auch die Fragen und Zweifel, die jene Autoren bewegten, welche sich in einer der literarischen Gattungen dieses Stoffes annehmen wollten. Und im Bereich des Dramas war es nur Peter Weiss, der das Unaussprechbare zur Sprache brachte – angemessen zur Sprache brachte. Er verzichtete auf die literarische Inspiration – die *Ermittlung* entfaltet »am wenigsten schriftstellerischen Ehrgeiz« (Karasek 1968, S. 22) –, er beschränkt sich auf die Dokumentierung der Aussagen von Opfern und Tätern.

Die große Zahl der »Mitschuld«-Stücke, Hochhuths *Stellvertreter*, Rolf Schneiders *Prozeß in Nürnberg*, Walsers *Der schwarze Schwan* oder Kipphardts *Joel Brand*. *Die Geschichte eines Geschäftes*, in welchem der Autor die Alliierten beschuldigt, für den Tod von einer Millionen Juden in den Gaskammern von Auschwitz indirekt die Verantwortung zu tragen, diese Stücke umkreisten zwar das Thema »Massenvernichtung«, machten aber die »Massenvernichtung« selbst nie zum eigentlichen Thema. Das ist auch nicht der Fall in Kipphardts letztem Stück, *Bruder Eichmann*, das 1983 uraufgeführt wurde. Kipphardt im Vorwort: »Das Stück beschreibt, wie ein ziemlich durchschnittlicher junger Mann aus Solingen [...] auf sehr gewöhnliche Weise zu der monströsen Figur Adolf Eichmann wird, die administrative Instanz im Genozid an den europäischen Juden, durch Befehl und Eid gewissensgeschützt.« (Kipphardt, Bruder Eichmann. Reinbek 1983)

Ebensowenig lassen sich zwei neuere englischsprachige Stücke, das KZ-Lager-Drama *Bent* von Martin Sherman und C.P. Taylors *Good*, ein Mitschuld-Stück, das 1982 unter dem Titel *So gut – so schlecht* in der Bundesrepublik aufgeführt wurde, mit Weiss' *Ermittlung* vergleichen.

Somit ist die *Ermittlung* in ihrer grausam peinigenden Schilderung der funktionierenden Gewaltmaschinerie zumindest in der Dramatik ohne Vorlage und ohne Seitenstück. Prozeßberichte in der Presse (vgl. Kap. 1.3 b), gedruckte Augenzeugenberichte, Sachbücher zur »Endlösung«: das sind ihre literarischen Vorlagen. Aus der umfangreichen Literatur genannt seien hier die Titel, welche Weiss selbst in der Nachbemerkung zur *Ermittlung* als Hilfsmaterial angibt. Neuauflagen werden, soweit bekannt, aufgeführt.

- Gerhard Schoenberner: Der gelbe Stern. Die Judenverfolgung in Europa 1933–1945. Hamburg 1960 (jetzt auch als Fischer-Taschenbuch, Bd. 3463, Frankfurt/M. 1982)
- Gerhard Schoenberner (Hg.): Wir haben es gesehen. Augenzeugenberichte über Terror und Judenverfolgung im Dritten Reich. Hamburg 1962
- H.G. Adler, H. Langbein, E. Lingens-Reiner (Hg.): Auschwitz. Zeugnisse und Berichte. Frankfurt/M. 1962 (2. überarbeitete Aufl. 1979)
- Gerald Reitlinger: Die Endlösung. Hitlers Versuch der Ausrottung der Juden Europas 1939–1945. Berlin 1956 (5. Aufl. 1979)
- Rudolf Höß: Kommandant in Auschwitz. Autobiographische Aufzeichnungen. Stuttgart 1958 (jetzt auch als dtv-Taschenbuch, Bd. 2908)
- Jüdisches Historisches Institut Warschau (Hg.): Faschismus-Getto-Massenmord. Dokumentation. Berlin 1961
- Muzeum w Oswiecimiu: Hefte von Auschwitz. 1959–1962
- Elie A. Cohen: Människor i Koncentrationsläger. Stockholm 1957

1.3 Entstehung des Werkes

a) Die Auschwitz-Problematik im Frühwerk des Autors

Die innere Auseinandersetzung Weiss' mit jener Problematik, die er in der *Ermittlung* zum Thema erhebt, läßt sich zurückverfolgen bis in die frühen Emigrationsjahre.

In seinen Ich-Erzählungen mit autobiographischem Charakter (*Abschied von den Eltern*, 1961, *Fluchtpunkt*, 1962) legt er Zeugnis ab über die ersten drei Jahrzehnte seines Lebens. Der Erzähler erinnert sich früher kindlicher »Zerstörungslust und Herrschsucht« (Abschied, S. 53), erinnert sich an Spiele, in denen man sich Opfer suchte, die man ängstigen und quälen konnte (Fluchtpunkt, S. 12f.). Ich hätte «auf der Seite der Verfolger und Henker stehen« (Fluchtpunkt, S. 13) können, wenn ich nicht zufällig jüdischer Abstammung gewesen und mit den Eltern emigriert wäre, bemerkt der Erzähler angesichts des in Deutschland Geschehenen. »Ich hatte das Zeug in mir, an einer Exekution teilzunehmen« (Fluchtpunkt, S. 13). Ebendort beschreibt Weiss, mit welchen Gefühlen seine Ich-Gestalt im Frühjahr 1945 einen ersten Dokumentarfilm über die KZ-Lager erlebt.

> »Auf der blendend hellen Bildfläche sah ich die Stätten, für die ich bestimmt gewesen war, die Gestalten, zu denen ich hätte gehören sollen. [...] Dort vor uns, zwischen den Leichenbergen, kauerten die Gestalten der äußersten Erniedrigung, in ihren gestreiften Lumpen. [...] Zu wem gehörte ich jetzt, als Lebender, als Überlebender, gehörte ich wirklich zu jenen, die mich anstarrten mit ihren übergroßen Augen, [...] gehörte ich nicht eher zu den Mördern und Henkern.« (Fluchtpunkt, S. 135f.)

Der Erzähler fühlt sich schuldig. Immer wieder kommt er im Text darauf zurück, daß er es zugelassen habe, daß seine ›Jugendliebe‹ Lucie Weisberger und der Jugendfreund Peter Kien in den KZ-Lagern umkamen. Er habe nichts getan, habe sich von ihnen abgewandt, »sie aufgegeben und vergessen«, habe »diese Welt [...] geduldet« (Fluchtpunkt, S. 136; vgl. auch ebd., S. 188; vgl. ebenso Roos 1982, S. 101). »Diese Bilder [von den KZ-Lagern, G.W.] gehörten fortan zu unserm Dasein, sie waren nie wieder wegzudenken«, heißt es im Fluchtpunkt weiter:

> »Lange trug ich die Schuld, daß ich nicht zu denen gehörte, die die Nummer der Entwertung ins Fleisch eingebrannt bekommen hatten [...]. Ich war aufgewachsen, um vernichtet zu werden, doch ich war der Vernichtung entgangen. Ich war geflohen und hatte mich verkrochen. Ich hätte umkommen müssen, ich hätte mich opfern müssen, und wenn ich nicht gefangen und ermordet, oder auf einem Schlachtfeld erschossen worden war, so mußte ich zumindest meine Schuld tragen, das war das letzte, was von mir verlangt wurde.« (S. 137)

Die Aspekte von Mitschuld und der möglichen Austauschbarkeit von Mördern und Opfern tauchen in der weiteren Entstehungsgeschichte der *Ermittlung* immer wieder auf und führen unmittelbar hin zu Fragestellungen dieses Stückes, das somit nicht nur als historisches Dokumentarstück, sondern auch als Ausdruck quälender Selbst-Auseinandersetzung des Verfassers zu gelten hat. (Vgl. Haiduk 1977, S. 34) Erste Versuche, die Kriegs- und Nachkriegseindrücke literarisch zu verarbeiten und Worte zu finden für die sich ihm nach und nach auftuende Auschwitz-Welt, unternahm Weiss schon in dem 1946 entstandenen und in schwedischer Sprache geschriebenen Prosagedicht *Från ö till ö* (Von Insel zu Insel) und in dem Buch *De besegrade* (Die Besiegten), 1947 nach einem Deutschland-Besuch im Auftrag der Zeitung »Stockholms Tidningen« verfaßt. (Vgl. auch Haiduk, S. 14f.)

b) Der Auschwitz-Prozeß – Vorarbeiten zur »Ermittlung«

Im Dezember 1963 begann in Frankfurt der Auschwitz-Prozeß. Weiss nahm daran zeitweise als Zuhörer teil. (Die Angaben hierzu schwanken. Während das Kursbuch 1/1965, S. 202, den »Frühsommer 1964« nennt, meint B. Thurm, Weiss habe »etwa ein Jahr hindurch als Berichterstatter der schwedischen Zeitung ›Dagens Nyheter‹ den Auschwitz-Prozeß besucht« [1969, S. 1094].)

In seinen »Notizbüchern«, die eine Fülle von Anmerkungen zum Prozeß enthalten, findet man unter dem Datum vom 13.3.1964 erste protokollartige Vermerke zum Prozeßverlauf (Notizbücher 1960–1971, 1, S. 222ff.). Bezogen auf die »Endlösung« notierte Weiss im Januar 1964: »[…] es ist ja nur unsere Generation, die etwas davon weiß, die Generation nach uns kennt es schon nicht mehr. Wir müssen etwas darüber aussagen.« Und er sagte im gleichen Atemzug: »Doch wir können es noch nicht. Wenn wir es versuchen, mißglückt es.« (Ebd., S. 211)

Dann aber, im März 1964, korrigierte sich Weiss, sprach sich Mut zu, als er vermerkte: »zuerst dachte ich, es ließe sich nicht beschreiben, doch da es Taten sind, von Menschen begangen, an Menschen auf dieser Erde –« (ebd., S. 226)

Vom 14. bis 16. Dezember 1964 wurde der Frankfurter Prozeß wegen einer Informationsfahrt nach Auschwitz unterbrochen. Nur ein Mitglied des Gerichts nahm daran teil, einige Verteidiger und andere Interessierte. Auch Weiss fuhr nach Polen und hielt sich einen Tag lang, am 13. Dezember, im Auschwitz-Lager auf (vgl. ebd., S. 323–328).

Noch im selben Monat schrieb er seine Eindrücke nieder in dem künstlerisch sehr konzentrierten Prosastück *Meine Ortschaft* (abgedruckt in: Rapporte, S. 113–124; zuerst in etwas anderer Fassung in der Weihnachtsausgabe 1964 von »Stockholms Tidningen« erschienen).

Auschwitz, so Weiss, bilde den einzigen »festen Punkt in der Topographie« seines Lebens. »Es ist eine Ortschaft, für die ich bestimmt war und der ich entkam.« (Ebd., S. 114)

Er geht die Wege des Leidens ab, versucht, nüchtern alle Details zu registrieren, gelangt zum ersten Krematorium: »Ich bin hierher gekommen aus freiem Willen. Ich bin aus keinem Zug geladen worden. Ich bin nicht mit Knüppeln in dieses Gelände getrieben worden. Ich komme zwanzig Jahre zu spät hierher.« (Ebd., S. 116)

Am Ende des Abschreitens der Vergangenheit, der Stationen, die uns in der *Ermittlung* wiederbegegnen, stellt Weiss fest:

»Der Lebende, der hierherkommt, aus einer andern Welt, besitzt nichts als seine Kenntnisse von Ziffern, von niedergeschriebenen Berichten, von Zeugenaussagen, sie sind Teil seines Lebens, er trägt daran, doch fassen kann er nur, was ihm selbst widerfährt. […] Jetzt steht er nur in einer untergegangenen Welt. Hier kann er nichts mehr tun. Eine Weile herrscht die äußerste Stille. Dann weiß er, es ist noch nicht zuende.« (Ebd., S. 124)

Hier kann er nichts mehr tun, aber er kann das Gesehene und Geschehene weiterberichten. Weiss studierte umfangreiche Literatur zum Thema (vgl. die Titel, die Weiss in der Nachbemerkung zur *Ermittlung* nennt) und hielt sich über den Fortgang des Prozesses durch eigene Teilnahme und Lektüre der Artikel in diversen Tageszeitungen und Zeitschriften auf dem laufenden. »Vor allem Bernd Naumanns Berichte in der FRANKFURTER ALLGEMEINEN ZEITUNG leisteten mir große Dienste.« (Nachbemerkung zur *Ermittlung*)

Naumanns Berichte erschienen 1965 in gekürzter Form als Buch. Weiss machte in einer Erklärung in der FAZ vom 27.10.1965 »auf dieses wichtige Zeitdokument aufmerksam, in dem der Prozeß, der in meinem Oratorium als Konzentrat aufklingt, in der Reichhaltigkeit und Verschlungenheit der alltäglichen Verhandlungen beschrieben ist«.

Im Juni 1965 veröffentlichte Weiss im Kursbuch 1, S. 152–188, unter dem Titel *Frankfurter Auszüge* einen Teil seiner Vorarbeiten zum späteren Theaterstück.

Nur in begrenztem Maße decken sich die *Auszüge* mit der Endfassung des Stückes. Einzelne Komplexe der *Ermittlung* sind schon erkennbar, u.a. Rampe, Phenol, Bunkerblock, Feueröfen, Lili Tofler, doch eine Einteilung in Gesänge oder ein vergleichbares Ordnungsprinzip gibt es noch nicht. Die *Auszüge* sind relativ ungeordnete Prozeßbruchstücke, die man teilweise in der *Ermittlung* umgestellt und zusammenmontiert wiederfindet. Viele der Fragmente werden später wortwörtlich übernommen, andere in erheblich gekürzter Form, wie z.B. die zahlreichen langen Monologe von Zeugen und Angeklagten. Einige Monologe werden durch Gegenrede segmentiert. Wieder andere Passagen kommen in der Endfassung gar nicht mehr vor. Die Fülle des Stoffs zwingt Weiss auf dem Weg zur endgültigen Fassung zu einer Straffung des Gesamtmaterials, der alles zum Opfer fällt, was nicht unbedingt zur Charakteristik des Typischen notwendig scheint.

Auch übernommene Textstellen werden gestrafft oder durch kleine Veränderungen in der Aussage präzisiert, Verslängen werden verkürzt. Hier ein Beispiel:

Auszüge, S. 152

»Kinder wurden grundsätzlich gleich verschickt
auch Mütter die sich von den Kindern nicht trennen wollten
Die Transporte kamen an wie warme Brötchen
Im Gedränge hatte ich für Ordnung zu sorgen
doch Gewalt brauchte nicht angewendet zu werden
die Ankommenden nahmen alles so gelassen hin«

Die Ermittlung, S. 43

»Kinder wurden grundsätzlich
gleich überstellt
auch Mütter die sich von den Kindern
nicht trennen wollten
Alles ging reibungslos
Die Transporte kamen an
wie warme Brötchen
da brauchte gar keine Gewalt angewendet zu werden
Die nahmen alles gelassen hin«

Als weitere bedeutsame Unterschiede seien hier lediglich genannt, daß es im Gegensatz zur Endfassung der *Ermittlung* in den *Auszügen* noch keine Numerierung der Zeugen und Angeklagten gibt, daß die Zeugen z.T. noch namentlich genannt sind, daß es Regieanweisungen für das ›Spiel‹ der Angeklagten gibt, daß stereotype Antworten der Angeklagten, wie: »Ich habe mich nicht darum gekümmert«, »Darauf kann ich keine Antwort geben«, am Schluß aufgereiht und nicht, wie in der *Ermittlung*, über den gesamten Text verteilt sind.

c) *Der Dante-Komplex*

Parallel zur Materialbeschaffung und zu ersten Gestaltungsversuchen in *Meine Ortschaft* und den *Frankfurter Auszügen* befaßte sich Weiss seit 1963 auch mit Plänen zu einem großen Welttheater, die Einfluß auf die Entstehung der *Ermittlung* hatten. Als Modell des geplanten Welttheaters sollte die wichtigste didaktische Dichtung des Mittelalters und der Renaissance, Dantes Hauptwerk, die *Divina Commedia*, dienen (vgl. Schumacher, Gespräch mit Peter Weiss, August 1965, in: Materialien zu »Marat/Sade«, S. 103).

Über seine Auseinandersetzung mit Dante, dessen Werk und Zeit, legt Weiss in der *Vorübung zum dreiteiligen Drama divina commedia* (zit. als »Vorübung«) und im *Gespräch über Dante* Zeugnis ab. Beide Arbeiten erschienen 1965 noch vor der Veröffentlichung der *Ermittlung* (abgedruckt in: Rapporte, S. 125–141 bzw. 142–169; weitere konzeptionelle Studien finden sich verstreut in den Notizbüchern 1960–1971, Bd. 1). Diese Texte geben Hinweise auf einige Aspekte, die in unserem begrenzten Darstellungsrahmen von besonderem Interesse sind.

Die Bearbeitung des Auschwitz-Stoffes war als Teil einer neuen *Divina Commedia* eingeplant. Deutlich zeigt dies die *Vorübung*, in der Weiss zunächst fragt, wie denn die Aussagen der *Divina Commedia* und die geistige Welt des Trecento durch Revidierung und Aktualisierung in unsere Gegenwart übertragen werden könnten.

»Was konnten mir Dantes Begriffe geben, / diese Einteilungen in Aufenthaltsorte für Büßende, Erlöste / und selig Belohnte? Dies alles war meiner eigenen Welt / entgegengesetzt. In meiner Welt gab es nur das einmalige / Hier und Jetzt, in dem jede Entscheidung getroffen werden mußte« (Vorübung, S. 132).

Einen grundsätzlich anderen Sinn, so Weiss, müßte Dante daher den »Ortschaften Inferno, Purgatorio und Paradiso« (ebd., S. 136) geben, wenn er seine Wanderung heute unternähme.

Im *Inferno*, der Hölle, seien nach Dantes Ansicht alle die, welche »zur unendlichen Strafe verurteilt wurden, die heute aber / hier weilen, zwischen uns, den Lebendigen, und unbestraft / ihre Taten weiterführen, und zufrieden leben / mit ihren Taten, unbescholten, von vielen bewundert« (Vorübung, S. 137). Kennzeichen des Inferno seien »Ausweglosigkeit und Sinnlosigkeit«, »Brutalitäten und Gemeinheiten« und es zeige »keine Hoffnung auf Veränderung« (Gespräch über Dante, S. 166.).

Das *Purgatorio*, das Fegefeuer, »ist die Gegend des Zweifelns, des Irrens, der mißglückten / Bemühungen, die Gegend des Wankelmuts und des ewigen Zwiespalts, doch immerhin / gibt es hier die Bewegung, es gibt den Gedanken an eine Veränderung / der Lage« (Vorübung, S. 137).

Im Purgatorio erkennt Weiss unsere Gegenwart, und der »Schritt vom Inferno zum Purgatorio ist der Schritt von der Versteinerung zur Vernunft«, der Schritt zum beginnenden Widerstand gegen »Kriege, Ausbeutung, Tyrannei« (Gespräch über Dante, S. 166).

Im *Paradiso*, dem Paradies, seien jene zuhause, »[…] denen Dante einmal Glückseligkeit zusprach. Heute, / da von Belohnung nicht mehr die Rede ist, und allein / das bestandene Leiden gewertet wird, bleibt dem Wanderer / nichts andres übrig, als mitzuteilen, was er erfahren hat / von diesem Leiden.« (Vorübung, S. 138) Keine Seligkeit und Herrlichkeit, wie sie im christlichen Weltbild Dantes anzutreffen ist, herrsche im Paradiso, sondern nur absolute Leere. Für Weiss gibt es keine Auferstehung der Toten, also müsse das Paradies für die jetzt Lebenden in dieser Welt geschaffen werden.

Unklar ist, ob Weiss den Auschwitz-Stoff ins Inferno oder ins Paradiso seines Welttheaters zu legen gedachte. Auch die Notizbücher bleiben da zweideutig. Im Februar 1964 notiert Weiss: »Die Hölle vielleicht nur aus Verhören, Anklagen, Fragen, Lügen, Verteidigungen bestehend. Im Himmel dann die Opfer« (Notizbücher 1960–1971, 1, S. 216). Später dann vermerkt er: »die SS-Wärter treten auch am Anfang des Inferno auf, mit ihren Ausreden und Unschuldsbeteuerungen – die Häftlinge im Paradiso spielen einander dann die SS-Rollen vor« (ebd., S. 249). Und im

Herbst 1964 schreibt Weiss (ebd., S. 308f.): »PARADISO / Gesang vom Phenol / vom Vorraum / von den Öfen und Gruben / von der Rampe / vom Galgen / von Bock und Pfahl / von der Stehzelle / vom Zyklon B / von der Schaukel«.

Die Beschreibung der drei Stationen ist in der *Vorübung* eingerahmt von gedanklichen Wanderungen zum Auschwitz-Prozeß: »Zu dieser Zeit sah ich Gepeinigte vor ihren Peinigern stehn, letzte / Überlebende vor denen, die sie zur Tötung bestimmt hatten«, er sah »Namenlose auf beiden Seiten«, sah »nur Stammelnde, Verständnislose, / vor einem Gerichtshof, der trübe zerfließende Grausamkeiten ermittelte«, sah die »hohnvollen Gebärden« der Angeklagten, hörte ihr «Spottgelächter« (Vorübung, S. 133f.).

In dieser Situation erkannte Weiss deutlich das doppelte Problem, vor dem er stand. Einerseits erdrückte ihn die Schwierigkeit, den Auschwitz-Stoff in Worte zu fassen: »Die Möglichkeit des Sprechens / ging mir schon verloren, als ich mich bemühte, die Eindrücke / dieses Tribunals festzuhalten und mir die Geschehnisse vorzustellen, / die der Verhandlung zugrund lagen. Meine Gedanken versagten, als ich / an die Reichweite dachte dessen, das hier angerührt wurde.« (ebd., S. 135) Andererseits schien es ihm unüberwindlich, diese Thematik in »Dantes dreigeteilte Komposition« (ebd., S. 136) einzuzwängen. Verzweifelt mußte er das »Anwachsen / des schwammigen Materials« beobachten, »das sich immer mehr / spaltete, vervielfältigte, ins Unübersehbare verlor« (ebd.).

Nicht zuletzt aus diesen Gründen gab Weiss den Plan eines großen Welttheaters auf, verzichtete auf eine geschlossene Komposition, in die auch der *Gesang vom Lusitanischen Popanz* und der *Viet Nam Diskurs* eingefügt werden sollten.

Nicht ohne Belang für die Entstehung der *Ermittlung* war, und darauf ist schon hingewiesen worden, das Mitschuldgefühl Weiss' am Tod seiner Jugendfreundin Lucie W. Sie begegnet uns auch in der *Vorübung* und im *Gespräch über Dante* in der Gestalt von Dantes Beatrice: »Denn Beatrice, / die in unsrer Welt umkam, hatte er verraten.« (Vorübung, S. 141) Oder an anderer Stelle: »Beatrice kam um. Vielleicht wurde sie erschlagen. Vielleicht vergast.« (Gespräch über Dante, S. 154) Lucie treibt Weiss an, diesen gewaltigen Stoff in eine Form zu bringen, so wie Vergil den Dante an seine Beatrice erinnerte: »[...] du mußt weiter, um ihretwillen.« (ebd., S. 158)

d) Stationen bis zur endgültigen Fassung und Titelwahl

Noch bevor am 19.8.1965 die Urteile im Frankfurter Auschwitz-Prozeß verkündet wurden, hatte Weiss die Arbeit an der *Ermittlung* abgeschlossen. Nur die Vernehmung der Angeklagten und Zeugen war für ihn von Wichtigkeit, unbeachtet ließ er die Plädoyers von Staatsanwaltschaft und Verteidigung, die Schlußworte der Angeklagten, die Urteilsbegründung des Gerichts.

Schon am 20.6.1965 erschienen im Ost-Berliner »Sonntag« überraschend Leseproben, doch ohne Genehmigung des urheberrechtlich verantwortlichen Suhrkamp-Verlags. In der Ausgabe vom 4. Juli 1965 entschuldigte sich die Zeitschrift in einer offiziellen Stellungnahme.

Am 17.7.1965 druckte auch die FAZ Auszüge aus dem neuen Weiss-Schauspiel. In beiden Fällen wurde vermutlich ein Manuskriptdruck des Suhrkamp-Verlags benutzt, da kleinere Abweichungen gegenüber den folgenden Fassungen festzustellen sind.

Einen Gesamtvorabdruck des Stückes brachte dann im August 1965 die Zeitschrift »Theater heute« in ihrem Jahressonderheft.

Am Tag der Uraufführung, am 19.10.1965, erschien *Die Ermittlung* als Ausgabe des Suhrkamp-Verlages in Buchform (1.-7. Tsd.).

Noch im selben Jahr wurde die 2. Auflage (8.-15. Tsd.) gedruckt. Diese 2. Auflage, der auch die von uns benutzte Taschenbuchausgabe des Rowohlt-Verlages folgt, enthielt die endgültige Fassung des Stückes.

Vorabdruck, 1. und 2. Auflage weisen eine Reihe von Varianten auf, deren wichtigste hier genannt seien:

- Dem Vorabdruck (VA) fehlt der Untertitel »Oratorium in 11 Gesängen«.
- Die Namen der Angeklagten, die in den Regieanweisungen des VA's noch genannt werden, ersetzt Weiss in der 1. und 2. Aufl. durch die ihnen zugeteilten Nummern.
- Korrektur von Zahlenmaterial, z.b. statt 5000 Mitglieder des Lagerpersonals (VA) nun verändert zu 6000.
- Im VA fehlen ganze Sätze oder Satzteile, die die 1. Auflage enthält, auch die 2. Auflage, dort z.T. aber erneut verändert. So fehlt im VA zwar nicht der Hinweis auf den Lagerarzt Dr. Flage, wohl aber der unterstreichende Satz, daß es möglich war, »auf die Maschinerie einzuwirken« (Gesang von der Möglichkeit des Überlebens II). Andererseits enthält der VA Sätze, die später nicht mehr aufgenommen wurden, z.B. die Reaktion des Verteidigers im »Gesang von den Feueröfen II«: »Hier wird nicht der Prozeß gegen industrielle Unternehmungen geführt«.

Insgesamt bietet der Vergleich von VA, 1. und 2. Auflage mehr als 25 Varianten der veschiedensten Art, ohne daß aber Struktur oder Inhalt und Intention des Stückes entscheidend berührt wären.

1965 erschien auch in der DDR beim Verlag Rütten & Loening eine Lizenzausgabe der *Ermittlung*.

Übersetzungen des Stücks in bislang nicht weniger als 16 Sprachen dokumentieren eindrucksvoll das Interesse des Auslandes, vor allem aber jener Staaten, die zu den Opfern des Hitler-Faschismus gehörten.

Erwähnt sei an dieser Stelle, daß Weiss und sein Verlag »die anfallenden Tantiemen nach Abzug der Unkosten für eine Stiftung zugunsten der Opfer des Faschismus« (Der Spiegel 23/1965, S. 114) verwenden ließen.

Parallel zur Entstehungsgeschichte des Werkes gibt es eine des Titels. Zahlreiche Titelideen gingen der endgültigen Benennung des Stückes voraus. Sie entstammen durchweg dem Zeitraum zwischen Januar und April 1965.

So gedachte Weiss zunächst, das Stück »Die Erörterung des Sachverhalts. Drama in 33 Gesängen«, oder »Die Vernehmung zur Sache. Drama in 33 Gesängen«, zu nennen (vgl. Notizbücher 1960–1971, 1, S. 347). In Anspielung auf den Ausdruck eines Zeugen, Auschwitz befände sich »am Arsch der Welt« (Ermittlung, S. 137), plante Weiss dann den Titel »ANUS MUNDI. Ein Prozeß in 33 Gesängen« (Notizbücher, S. 365). Kurz darauf notierte er: »11 GESÄNGE eine Untersuchung DIE ERMITTLUNG« (ebd., S. 367), gleich danach »DIE ERMITTLUNG. Oratorium in 33 Gesängen« (ebd., S. 368). Aus der Kombination der beiden letzten Titelideen entstand schließlich die definitive Benennung des Werkes: *DIE ERMITTLUNG. Oratorium in 11 Gesängen.*

2 Wort- und Sachkommentar

(Die Seitenangaben beziehen sich auf folgende Ausgabe: Peter Weiss, Die Ermittlung. Reinbek 1969 = rororo theater 1192.)

Zu den Angeklagten 1–18

Angekl. 1 = Robert Mulka, Adjutant des Lagerkommandanten, nach dem Krieg Kaufmann in Hamburg, verurteilt zu 14 Jahren Zuchthaus.

Angekl. 2 = Wilhelm Boger, Polit. Abteilung, nach dem Krieg kfm. Angestellter in Stuttgart, lebenslang Zuchthaus.

Angekl. 3 = Dr. Viktor Capesius, Apotheker, 9 Jahre Zuchthaus.

Angekl. 4 = Dr. Willi Frank, SS-Zahnarzt, 7 Jahre Zuchthaus.

Angekl. 5 = Dr. Willi Schatz, SS-Zahnarzt, mangels ausreichender Beweise freigesprochen.

Angekl. 6 = Dr. Franz Lucas, Lagerarzt, 3 Jahre und 3 Monate Zuchthaus.

Angekl. 7 = Oswald Kaduk, Rapportführer, 1947 von sowjet. Militärgericht zu 25 Jahren Zwangsarbeit verurteilt, 1956 begnadigt, 1959 erneut in West-Berlin verhaftet, lebenslang Zuchthaus.

Angekl. 8 = Franz Hofmann, Schutzhaftlagerführer, lebenslang Zuchthaus.

Angekl. 9 = Josef Klehr, Sanitäter und Desinfektor, bereits 1945 von amerikanischem Gericht zu 3 Jahren Arbeitslager verurteilt, lebenslang Zuchthaus.

Angekl. 10 = Herbert Scherpe, 4 Jahre und 6 Monate Zuchthaus.

Angekl. 11 = Emil Hantl, 3 Jahre und 6 Monate Zuchthaus.

Angekl. 12 = Hans Stark, 10 Jahre Zuchthaus.

Angekl. 13 = Stefan Baretzki, lebenslang Zuchthaus.

Angekl. 14 = Bruno Schlage, 6 Jahre Zuchthaus.

Angekl. 15 = Heinrich Bischof (eigentl. Bischoff), schied wegen Erkrankung vorzeitig aus dem Verfahren aus, starb am 26. Oktober 1964.

Angekl. 16 = Pery Broad, Polit. Abteilung, 4 Jahre Zuchthaus.

Angekl. 17 = Arthur Breitwieser, mangels ausreichender Beweise freigesprochen.

Angekl. 18 = Emil Bednarek, Blockältester, lebenslang Zuchthaus.

Allen verurteilten Angeklagten wurden außerdem die bürgerlichen Ehrenrechte aberkannt, entweder lebenslänglich oder für eine begrenzte Dauer.

S. 9 *daß es sich um Umsiedlertransporte handelte:* Millionen von Menschen ließ die Führung des Dritten Reiches um- bzw. aussiedeln. Diese Aktionen betrafen vor allem die okkupierten Gebiete. Die ansässigen Nicht-Deutschen mußten Haus und Hof aufgeben, und deutsche Siedler übernahmen stattdessen die Besitztümer.

S. 10 *In der Ortschaft:* gemeint ist Auschwitz.

S. 11 *Niederlassungen der IG Farben der Krupp- und Siemenswerke:* Vgl. zur Auschwitzer Industrieansiedlung Kap. 1. 2a) – IG Farbenindustrie AG = Interessengemeinschaft der deutschen Farbenindustrie, 1925 durch Zusammenschluß verwandter Chemie-Unternehmen entstanden, Vermögen des Konzerns 1945 von den Alliierten beschlagnahmt, 1952 Auflösung der IG Farben. Ihre Nachfolgegesellschaften wurden BASF, Hoechst, Bayer u.a.

S. 20 *Blockführer:* SS-Angehöriger, der über einen oder mehrere Lagerblocks (Häftlingsunterkünfte) Aufsicht hatte. – *Daß ein Mannschaftsdienstgrad selektierte:* selektieren, Selektion = Auswahl sogenannter Arbeitsunfähiger für den Tod; Mannschaftsdienstgrad = die untersten vier Dienstgrade beim Militär/bei der SS.

S. 24 *Standortarzt Dr. Wirth:* richtiger und vollständiger Name Eduard Wirths, SS-Angehöriger.

S. 30 *die Nummmern in den linken Unterarm tätowiert:* Auschwitz war das einzige KZ-Lager, in dem den Gefangenen ab 1942 die Häftlingsnummer eintätowiert wurde.

S. 37 *Kommandant:* Oberster Leiter des Lagers.

S. 40 *Blockältester:* Häftling, der von der SS als Verantwortlicher für einen Block eingesetzt wurde.

S. 41 *Kapo:* (vom italien. capo = Haupt, Vorstand) Meist kriminelle Häftlinge, die den Befehl über Arbeitskommandos hatten. Verantwortlich dem SS-Kommandoführer. *– Arbeitsdienstführer:* Verantwortlicher für Lenkung und Organisation des gesamten Arbeitsbereichs des Lagers. *– Lagerältester:* Häftling, der von der SS als Verantwortlicher für ein Lager eingesetzt wurde.

S. 44 *Ich war Krankenpfleger:* Kaduk arbeitete von 1956 bis zu seiner Verhaftung 1959 als Krankenpfleger in Berlin.

S. 46 *Lagerarzt Dr. Rohde:* Werner Rohde wurde 1946 in Frankreich zum Tode verurteilt. – *Dr. Mengele:* Nach dem Lagerarzt Josef Mengele, der die medizinischen Experimente und ›Selektionen‹ leitete, wird noch heute gefahndet. Bis 1960 soll er in Argentinien gelebt haben. Er hält sich vermutlich noch immer in Südamerika verborgen, nach letzten Informationen (Jan. 1983) im Grenzgebiet zwischen Bolivien und Paraguay.

S. 47 *Hygiene-Institut:* von der Waffen-SS im Lager Auschwitz unterhalten.

S. 51 *Politische Abteilung:* war die Vertretung der Gestapo (Geheime Staatspolizei) im Lager.

S. 53 *Dysenterie:* Ruhr, Darmkrankheit.

S. 58 *Grabner:* Maximilian Grabner wurde 1947 in Polen zum Tode verurteilt. – *Dylewski:* Klaus Dylewski wurde im Auschwitz-Prozeß zu 5 Jahren Zuchthaus verurteilt.

S. 66 *Rapportführer:* wichtigstes Verbindungsglied zwischen Lagerführung und Lager (in Auschwitz war es Kaduk).

S. 67 *Dr. Vetter:* Helmut Vetter, Lagerarzt, 1949 in den USA zum Tode verurteilt.

S. 73 *Knittel:* Kurt Knittel, Schulungsleiter der SS in Auschwitz.

S. 81 *Professor Clauberg:* Carl Clauberg wurde in der Sowjetunion zu 25 Jahren Kerker verurteilt; starb 1957 in der Untersuchungshaft in Kiel.

S. 85 *Lili Tofler:* richtiger Name Lilly Toffler.

S. 127 *Phenol:* Karbolsäure.

S. 128 *Dr. Entress:* Friedrich Entress, Lagerarzt, 1946 in den USA zum Tode verurteilt.

S. 132 *Musikzug:* wie in einigen anderen KZ-Lagern gab es auch in Auschwitz ein Häftlingsorchester.

S. 157 *Firma Degesch:* Deutsche Gesellschaft für Schädlingsbekämpfung in Frankfurt/M.; Gerhard Peters, Generaldirektor der Firma, wurde in zwei Verfahren verurteilt, legte Berufung ein und wurde 1955 in Frankfurt freigesprochen.

S. 160 *Ovomaltin:* Instant-Kakaopulver.

S. 160/ *eine der legalen Hilfsorganisationen ehemaliger Wachmannschaften:* hierzu gehört
161 u.a. die in der Bundesrepublik sehr aktive HIAG = Hilfsgemeinschaft auf Gegenseitigkeit der ehemaligen Angehörigen der Waffen-SS.

S. 180 *Ekrasit:* Sprengstoff.

(Namenskorrekturen stützen sich auf Langbein 1965 und Reitlinger 1979.)

3 Struktur des Textes

Weiss überschreibt sein Stück mit dem Titel: *Die Ermittlung*, und dem Untertitel: *Oratorium in 11 Gesängen*.

Der Titel ist bewußt neutral gehalten, so wie es auch die ursprünglich geplanten Titel waren, z.B. »Die Vernehmung zur Sache« (vgl. Kap. 1.3 d). Der Autor schafft dadurch eine gewisse Distanz zum Frankfurter Prozeß, den er zwar als reale Vorlage benutzt, der aber nicht auf der Bühne reproduziert werden soll, sondern in erster Linie nur als Vermittlungsinstanz bestimmter ermittelter Sachverhalte zu dienen hat. Darüber an anderer Stelle mehr (s.u. S. 28ff.).

Das im Prozeß von Zeugen und Angeklagten Geäußerte wird dem Zuschauer dokumentarisch vermittelt. Die »Werkstruktur selbst ist damit in einem spezifischen Sinne ›dokumentarisch‹ begründet« (Hilzinger 1976, S. 53), oder anders formuliert: Der Autor gestaltet das Stück durch die »Strukturierung der authentischen Aussagen« (Hübner 1965, S. 419).

Nähere Hinweise auf die formale Gestaltung und Strukturierung gibt der Untertitel *Oratorium in 11 Gesängen*.

Die Musikwissenschaft definiert das Oratorium als

»eine instrumental begleitete, vokale Komposition großen Stils und Umfangs von episch-lyrischem Charakter ohne szenische Darstellung. Seinem ethischen Gehalt entsprechend bevorzugt es textlich geistliche Stoffe, die vorwiegend der Bibel, besonders dem Alten Testament sowie dem Leben der Heiligen und der Legenden entnommen werden. Seine musikalische Gestalt gilt sowohl Darstellungen dramatisch bewegter oder hymnisch beschwingter Szenen als auch betrachtender Episoden, deren künstlerische Träger Chor und Solisten sind.« (Lemacher-Schroeder, Formenlehre der Musik. Köln ⁶1977, S. 143)

Die Kunstgattung des Oratoriums, dessen Anfänge zurückreichen bis ins 16. Jh., bis zu dem der Liturgie nahestehenden »Oratorio latino«, wurde zunächst in Italien entwickelt und gewann ihre Vollendung durch das deutsche Oratorium um 1800, besonders durch die alttestamentlichen Oratorien G.F. Händels (u.a. *Messias*). »Als italienische Anregung übernahm er das Gestaltungsprinzip des Chores als Ideenträger und die Dramatisierung der solistischen Partien.« (Ebd., S. 145)

Neben der Mehrzahl von Oratorien geistlicher Prägung findet man auch einige bedeutende mit weltlicher Handlung, so z.B. Haydns *Die Jahreszeiten* und Berlioz' *Fausts Verdammung*.

Eine dem Oratorium verwandte Form ist die Passion als dramatisch-musikalische Darstellung des Leidensweges Christi. Denkbar, wenn auch von Weiss nirgendwo angedeutet, wäre eine entsprechende Verwendung dieses Begriffs für die *Ermittlung* mit ihrer Beschreibung des Leidensweges der Häftlinge.

Mit der Wahl der szenischen Oratoriumsform für sein Stück, in welchem das spezifisch musikalische Element nur in einigen Inszenierungen eine Rolle spielt, beabsichtigte Weiss vermutlich primär, den Auschwitz-Stoff mit dem Begriff von Größe und Würde zu vermitteln, der ihm angemessen ist, weniger jedoch, denkt man an Weiss' Absage an Religion und Metaphysik, einen inneren Zusammenhang des Stückes mit dem sakralen Bereich zu konstruieren. Allerdings mag man in der Wahl dieser Gattung auch ein Relikt des ursprünglichen Planes sehen, den Auschwitz-Stoff als Teil der Danteschen *Divina Commedia* zu dramatisieren.

Dem Oratorium, so heißt es in einem Musiklexikon, fehlt »die sichtbare dramatische Aktion« (vgl. R. Stephan [Hg.], Musik. Das Fischer Lexikon, Bd. 5. Frankfurt/M. 1957, S. 281). Das kommt der radikalen Episierung, dem episch-statischen Charakter des Stückes entgegen, das in kein konventionelles Strukturkorsett paßt, beispielsweise weder in das des synthetischen noch in das des analytischen Dramas. (Vgl. zu den Begriffen: I. Braak, Poetik in Stichworten. Kiel [4]1972, S. 223)

Trotz des statischen Charakters ist es legitim, die *Ermittlung* als Drama zu bezeichnen, weil der Autor selbst sich des Begriffes bedient (vgl. Weiss' Anmerkung zur *Ermittlung*, S. 7f.).

Haiduk spricht in seiner Weiss-Monographie jedoch konsequent nur vom Oratorium oder von der Oratorien-»Handlung« (Haiduk 1977, S. 129ff.).

Mit dem Oratorium hat Weiss sich für eine Form entschieden, die die Vermittlung durch die Bühne nicht zwingend erfordert. Tatsächlich wurde das Stück auch als Hörspiel realisiert und mehrfach in Lesungen, z.T. mit Musik, dem Publikum nahegebracht.

Die Unterteilung der *Ermittlung* in Gesänge unterstreicht einerseits die Parallele zum musikalischen Werk und legt andererseits die Verbindung zu Dantes Epos offen, diesmal in formaler Hinsicht.

Gemäß Dantes Untergliederung seiner drei Hauptteile in jeweils 33 (Inferno 34) Gesänge, sind bei Weiss die 11 Gesänge jeweils dreigegliedert, so daß das Stück aus insgesamt 33 »Szenen« besteht. Diese Dreiteilung, so Weiss, sei »kompositionsmäßig sehr brauchbar [...], vor allem fürs Drama, wo eine gewisse Symmetrie und ein strenges Kompositionsprinzip zur Haltbarkeit beitrage« (Haiduk 1977, S. 140). Ein beliebiges Ausweiten einzelner Gesänge wäre zwar möglich, aber der Autor unterwirft sich doch, gerade angesichts der Stoffülle des Prozeßmaterials, freiwillig einem Zwang zur Stoffstrukturierung, aus der dann ein bestimmtes Gestaltungsprinzip ableitbar ist (vgl. ebd.).

Die Dante nachempfundene Gliederung, »die vordergründig als Zahlenspiel erscheint« (Jahnke, Von der Revolte zur Revolution, in: Text + Kritik 37/1982, S. 63), verlangt dem Autor »äußerste Konzentration in der Anordnung der Segmente« ab. »Dieses Prinzip stellt zwar ein externes Strukturelement dar«, aber es ist »gerade diese artifizielle Formalisierung, die die Montage der Materialien regiert« und die Dialoge organisiert (vgl. ebd.). Dazu Weiss: »Die Maschinerie des Lagers, diese Todesfabrik wird ganz genau aufgezeichnet, wie bei einer Planzeichnung.« (Girnus/Mittenzwei 1965, S. 688)

Jeder der 11 Gesänge trägt eine Überschrift, bildet einen thematischen Schwerpunkt und eröffnet den Einblick in einen kleinen Teil der Auschwitz-Welt. Das Stück beginnt mit dem »Gesang von der Rampe« und es endet mit dem »Gesang von den Feueröfen«, Anfangs- und Endstation des Leidensweges unzähliger Menschen. »Der Text führt von der Peripherie [...] ins Zentrum von Auschwitz«, heißt es in der Verlagsanmerkung zur *Ermittlung*.

Damit wird eine Linearität in der Struktur unterstrichen, die keineswegs eine lineare qualitative Steigerung beinhaltet. Denn wer will sich ein Urteil darüber anmaßen, ob die Situation an der Rampe psychisch weniger schmerzvoll war als die schlimmsten Quälereien oder schließlich der Blick auf den unmittelbar bevorstehenden Tod? (Vgl. dazu auch: Braun 1967, S. 151)

Auch Haiduk betont die lineare Darstellung des Leidenswegs der Häftlinge (vgl. Haiduk 1977, S. 134).

Anders sieht und interpretiert E. Salloch die Struktur des Stückes. Sie spricht von einer zyklischen Form, die sie mit den Bildern von den Zugtransporten und dem Rauch im 1./2. und im 11. Gesang begründet.

So berichtet der Zeuge 3 im ersten Gesang: »Ehe wir durch das Tor einfuhren / pfiff die Lokomotive [...] Die Luft war voll von Rauch / Der Rauch roch süßlich und versengt / Dies war der Rauch / der fortan blieb« (Ermittlung, S. 13f.). Entsprechend auch eine Stelle im zweiten Gesang (S. 29f.) – Gleise, Krematorium, Rauch.

Im elften Gesang, so E. Salloch, «schließt Weiss den Kreis«, das »Rad der Mordfabrik hat sich einmal um seine Achse gedreht« (Salloch 1972, S. 76). In diesem letzten Gesang sagt der Zeuge 7: »Der Lokomotivpfiff / vorm Einfahrtstor zur Rampe / war das Signal / daß ein neuer Transport eintraf / Das bedeutete / daß in etwa einer Stunde / die Öfen voll gebrauchsfähig sein mußten / Die Elektromotore wurden eingeschaltet / Diese trieben die Ventilatoren / die das Feuer in den Öfen / auf den erforderlichen Hitzegrad brachten« (Ermittlung, S. 169). »Der Kreislauf der *Ermittlung*«, so meint E. Salloch, entspreche der ewigen »Wiederkehr der immergleichen Unterdrücker« (Salloch 1972, S. 120).

Ob eine solche Interpretation auch von Weiss intendiert wurde, ist fraglich. Dahinter würde sich nämlich eine pessimistische Geschichtsperspektive verbergen, von der Weiss sich doch gerade in jener Schaffensperiode abgewendet hatte.

Bei dem verbalen Gang durchs Lager wird der Zuschauer konfrontiert mit den Orten des Grauens, mit Tätern und Opfern, mit dem ausgeklügelten Perfektionismus der Tötungsmaschinerie, mit dem seelenlosen Mechanismus von Gewalt und Erniedrigung, aber auch mit den bewahrten Resten ungebrochener Menschlichkeit.

(1) Gesang von der Rampe: Im Teil I schildern zwei ehemalige Auschwitzer Bahnbeamte – von Weiss der Lagerverwaltung zugerechnete Zeugen – die Ankunft der Menschentransporte und die damit verbundenen organisatorischen Probleme. Teil II gibt denselben Vorgang aus der Perspektive der Opfer wieder, gibt, aus deren Sicht und der einzelner Angeklagter, einen Eindruck von den Selektionen auf der Rampe und der willkürlichen barbarischen Behandlung einzelner Häftlinge. Teil III geht näher auf die Selektionen ein, auf die Beteiligung der Ärzte, auf die materielle Ausplünderung der Deportierten. Zu Wort kommen Zeugen und Angeklagte.

(2) Gesang vom Lager: Den Schritt vom Bahngelände ins Lager gingen nicht alle Deportierten. Der Zuschauer erfährt im I. Teil, daß viele direkt von der Rampe in die Gaskammer geschickt wurden. Sie entgingen dem Verwaltungsapparat, der registrierte, Nummern eintätowieren ließ und aus Menschen identitätslose Ziffern machte. Zeugen beschreiben das Lager, das schreckliche Zusammenleben in den überfüllten Räumen, die neue Form der Existenz. Fortgesetzt werden die Berichte in den beiden folgenden Teilen, wobei die Angeklagten Bednarek und Kaduk als zentrale Figuren brutaler Wärter-Mentalität in Erscheinung treten. Im III. Teil geht es zudem um den Überlebenskampf der Häftlinge, um den schnell einsetzenden Abstumpfungs- und Anpassungsprozeß.

Für manche Gefangene führte der Weg von der Lagerunterkunft zur Politischen Abteilung, der Abteilung der Gewalt und des Schreckens. Oft war es der letzte Weg.

(3) Gesang von der Schaukel: Hier erfährt der Zuschauer von den Folter- und Verhörmethoden der Pol. Abteilung, besonders aber vom Wirken des Angeklagten Bo-

ger. Die Schilderung erfolgt meist aus der Zeugenperspektive und umfaßt alle drei Teile des Gesangs.

Nach den ersten drei Gesängen hält Weiss inne, setzt den Gang durchs Lager nicht fort, sonder fragt nach den Überlebenschancen in dieser pedantisch und fast perfekt durchorganisierten Todesfabrik. Nur minimale Chancen gab es.

(4) Gesang von der Möglichkeit des Überlebens, welcher dem Zuschauer eine Atempause in der Abfolge der Grausamkeiten signalisiert, einen Stillstand der Todesmaschinerie, hält dann auch nicht, was er zu versprechen scheint. Ganz im Gegensatz zum »Optimismus« im Gesangstitel wird der Zuschauer von Zeugen und Angeklagten fortgesetzt mit der Unmöglichkeit des Überlebens konfrontiert. Denn die Hinweise auf die winzigen Zufälligkeiten – partielle technische Unzulänglichkeiten, schwer greifbare labile Kontakte zwischen Bewachern und Bewachten, unberechenbare Einfälle der SS-Leute, aber auch heimlich praktizierte Menschlichkeit –, die einzelnen das Überleben sicherten, wie z.B. den meisten Zeugen des Prozesses, lassen zwar für kürzeste Augenblicke ein Aufatmen, ein Gefühl des »Also es ging doch« zu, werden dann aber schnell wieder überlagert durch Schilderungen von Exekutionen und grausamen medizinischen Experimenten an Häftlingen.

Noch aber führt Weiss den Zuschauer nicht weiter zu den Stätten der Massenvernichtung.

Dem »Gesang von der Möglichkeit des Überlebens« schließt er den *(5) Gesang vom Ende der Lili Tofler,* vom Leiden und Sterben eines einzelnen Häftlings an. Hier, wie auch im *(6) Gesang vom Unterscharführer Stark,* wird der Blick des Zuschauers auf zwei Einzelpersonen gerichtet, nämlich auf eine von Millionen Toten und auf einen der 18 Angeklagten. Dadurch wird für einen begrenzten Zeitraum die Anonymität des Lagers etwas aufgehoben, wird versucht, dem Zuschauer durch eine vorsichtige Individualisierung und Personalisierung Menschen näherzubringen, die sich hinter den Ziffern (bezogen auf die Opfer) und hinter Begriffen wie Wachmannschaften, SS-Leute und Lagerpersonal verbergen.

Ein Hineinfühlen in die Psyche von Opfer und Täter wird möglich, vielleicht entdeckt mancher Zuschauer Identifikationspunkte, findet sich sogar irgendwo wieder in der anerzogenen Autoritätsgläubigkeit eines Stark, der als Beispiel für viele andere seiner Zeit steht.

Wohl nicht zufällig plazierte Weiss die drei Gesangsteile vom Unterscharführer Stark genau in der Mitte des Oratoriums – denkbar wäre stattdessen ja auch der Gesang von der Lili Tofler –, und er gab diesem 6. Gesang dadurch, allein schon vom Ordnungsprinzip her, besonderes Gewicht.

Nach diesem 6. Gesang, so Weiss, könne bei Bühnenaufführungen eine Pause eingelegt werden (vgl. Ermittlung, S. 8).

Danach ändert sich das Bild. Die letzten 5 Gesänge sind Gesänge von den Orten und Methoden einer immer perfekter, immer geräuschloser, immer anonymer werdenden Massenvernichtung. Während sich im *(7) Gesang von der Schwarzen Wand* und im *(8) Gesang vom Phenol* Täter und Opfer beim Erschießen bzw. bei den Injektionen noch gegenüberstehen und die Schmerzensschreie unüberhörbar sind, ist die räumliche Distanz im *(9) Gesang vom Bunkerblock* schon so ausgeweitet, daß die Eingesperrten in den Hunger- und Stehzellen allein und ungehört hinter den Bunkerwänden sterben.

Im III. Teil des 9. Gesangs erfährt man, daß eines Tages mehr als 1000 Häftlinge gleichzeitig in die völlig abgedichteten Bunkerzellen gesperrt und mit Zyklon B vergast wurden. Dies war der Anfang einer neuen Tötungsmethode.

Der rationalisierte und perfektionierte Massenmord ist auch das Thema der beiden letzten Gesänge: *(10) Gesang vom Zyklon B* und *(11) Gesang von den Feueröfen*. Der III. Teil des 11. Gesanges handelt nur noch indirekt von den Verbrennungen in den Krematorien. In ihm zieht Weiss ein Resümee des Ermittelten. Zeuge 3, zweifellos Sprachrohr des Autors, versucht noch einmal, die Ursachen für das Geschehene zu benennen, und er macht unmißverständlich deutlich, daß er sie in unserer gegenwärtigen Gesellschaft nicht aufgehoben sieht.

Als Kontrapunkt hat Weiss die Verteidigung und den Angeklagten 1, den Ranghöchsten unter den 18 Beschuldigten, gesetzt. Sie haben das letzte Wort, ihre Äußerungen und Reaktionen machen schmerzlich klar, daß das, was zu einem Auschwitz führte, nicht Vergangenheit ist, sondern in unserer Gegenwart gefährlich fortexistiert. Mit diesem düsteren Schlußeindruck wird der Zuschauer aus dem Theatersaal in die Wirklichkeit entlassen.

Sehr zutreffend spricht Walter Jens von der »mit hohem Kunstverstand exakt ausgeklügelten Bilderabfolge« (Jens 1970, S. 92), aus der die *Ermittlung* bestehe. In dieser Bilderabfolge präsentieren sich auf verschiedenen Orts- und Zeitebenen die Figuren des Stückes. Ohne den wesentlichen Problemstellungen des Oratoriums, die sich daraus ergeben und die im folgenden Kapitel zu behandeln sind, vorgreifen zu wollen, läßt sich an dieser Stelle soviel sagen: Die zu vermutende Einfachheit und Eindeutigkeit, daß nämlich in Weiss' Drama einige Personen vor einem gegenwärtigen Gericht über ihr vergangenes Handeln und Leiden aussagen, ist nur eine scheinbare. Die auftretenden Figuren sind mit Absicht kaum oder gar nicht individualisiert. Orts- und Zeitebenen sind in dreifacher Perspektive übereinandergelagert oder vermischt.

Weiss: »In dem Stück wird ständig nur von unserer Gegenwart aus der Blick geworfen auf die Vergangenheit und diese Vorgänge.« (Girnus/Mittenzwei 1965, S. 687f.) Die Doppelbödigkeit – Auschwitz (Ort/Zeit) und Prozeß (Ort/Zeit) – erweitert sich zur Dreibödigkeit. In der Kursbuch-Redaktionsanmerkung zu den *Frankfurter Auszügen* heißt es, sie handelten »von drei Vorgängen: dem, was in Auschwitz, dem, was in Frankfurt, und dem, was in einem Mann vorgegangen ist, der in Frankfurt war« (Kursbuch 1/1965, S. 202).

Gleiches gilt natürlich für die *Ermittlung*. In Ergänzung zur obigen Anmerkung schreibt K. Braun:

»Drei Vorgänge, die sich aus dem Blick aus drei verschiedenen Perspektiven ergeben: der aus der Summe der Aussagen sich ergebende objektivierte Blick auf die Fakten von Auschwitz; der aus der Subjektivität der einzelnen Zeugen bedingte Blick auf die Fakten von Auschwitz; und der Blick des Schriftstellers heute, der in seiner Subjektivität Inhalt und Form sämtlicher Aussagen über die Fakten von Auschwitz und deren Bezug auf die Gegenwart verbindet.« (Braun 1967, S. 142)

Der Theaterzuschauer wiederum wird mit der Blickweise des Schriftstellers konfrontiert, vermittelt durch Schauspieler, vielleicht Jahre oder Jahrzehnte später in einer möglicherweise veränderten gesamtgesellschaftlichen Lage, mit einem möglicherweise veränderten historischen Wissen und Bewußtsein.

4 Gedanken und Probleme

4.1 Was wird ermittelt?

Das Oratorium *Die Ermittlung* ist ein dokumentarisch-politisches Werk und ein Kunstprodukt gleichermaßen.

Eine Bewertung desselben vornehmlich nach ästhetischen Kategorien muß unzulänglich bleiben, wenn nicht irreführen, angesichts des Stoffes und angesichts unserer gemeinsamen Vergangenheit, erlebt oder nicht erlebt.

Die wesentliche Frage für den Autor war, wie der Auschwitz-Komplex angemessen auf die Bühne zu bringen sei. Weiss fand eine Lösung, und die Angemessenheit dieser Lösung zu beurteilen, mußte ein Hauptpunkt jeder Kritik sein. Wer zum verarbeiteten Stoff und zum Engagement des Autors etwas zu sagen hatte, der kam nicht umhin, selbst seinen politischen Standort offenzulegen, oder anders noch: die Art der Kritik ließ Schlüsse darauf zu, wie der jeweilige Verfasser selbst Auschwitz verarbeitet hatte.

In Anbetracht der Schwierigkeiten mit der »Vergangenheitsbewältigung« (vgl. Kap. 1), war es nicht verwunderlich, daß die Urteile über die *Ermittlung* zwischen voller Anerkennung und schroffer Ablehnung variierten. Nur zwei Standpunkte seien hier angeführt:

- »Wenn es einem deutschen Schriftsteller der heutigen Generation gelingen konnte, eine gültige dichterische Aussage über Auschwitz zu machen, dann war es Peter Weiss.« (Esslin 1972, S. 144)
- Das Stück ist ein »Akt beispielloser Geschmacklosigkeit: die Protokolle des Auschwitz-Prozesses, die Protokolle der deutschen Schande, wurden dazu mißbraucht, von der Bühne herunter eine regelrechte Kollektiv-Gehirnwäsche zu veranstalten [...].« (G. Zehm in: Die Welt, 25.10.1965)

Die *Ermittlung* war und ist noch heute ein Politikum, und alle ästhetischen Fragen müssen sich zwangsläufig an den politischen und auch moralischen Implikationen des Wortmaterials reiben.

Als erstes muß daher geprüft werden: Welche Absichten verfolgt der Autor mit der *Ermittlung*? Was wird im Stück eigentlich ermittelt? Überlegungen zu Sprache, Stil, dramaturgischer Gestaltung u.a. leiten sich davon ab.

Wichtige Hinweise zum Verständnis dieses Drama geben uns Weiss' *Notizen zum dokumentarischen Theater*. Die *Notizen*, entwickelt aus der praktischen Arbeit mit den zwischen 1965 und 1968 entstandenen drei Dokumentarstücken, wurden im März 1968 erstmals in »Theater heute« veröffentlicht und später u.a. in Rapporte 2, S. 91–104, nachgedruckt (hiernach zitiert als *Notizen*).

a) Über die Ursachen von Auschwitz und ihr Fortwirken in der Gegenwart

Der Frankfurter Auschwitz-Prozeß hatte die Aufgabe, strafrechtlich verfolgbares Verbrechen zu ermitteln.

In Weiss' Stück interessiert der juridische Aspekt überhaupt nicht. Weder die Plädoyers noch die Urteile finden Berücksichtigung, denn, so Weiss in der Anmerkung zur *Ermittlung*, die 18 Beschuldigten sollen »nicht noch einmal angeklagt werden«.

Weiss geht es, wie den Richtern im Frankfurter Prozeß auch, um die Feststellung des

Geschehenen. Darüberhinaus aber will er dem Zuschauer die Ursachen aufdecken, die solche Vorgänge, wie die Verbrechen von Auschwitz, ermöglichten, und er will sichtbar werden lassen, ob Vergleichbares auch in unserer Gegenwart geschehen könnte.

Unter anderem diese Gewichtung unterscheidet das Ermittlungsverfahren auf dem Theater von dem realen Prozeß. Sie ist bestimmend für die Auswahl und Montage der Dokumente durch den Autor.

Ein Blick auf die Zielsetzungen des dokumentarischen Theaters (= dT), wie sie von Weiss in den *Notizen* formuliert werden, verdeutlicht die Absichten.

- Das dT übt »Kritik an der Verschleierung« (92), »Kritik an Wirklichkeitsfälschungen« (92), »Kritik an Lügen« (93).
- Das dT will Anlässe und Zusammenhänge wichtiger Ereignisse offenlegen (vgl. 93f.).
- Das dT ist ein »Mittel des öffentlichen Protests« gegen eine »Politik der Verdunkelung und Verblindung« (94).
- Das dT »legt Fakten zur Begutachtung vor.« (97) Es zeigt »Beweggründe« (ebd.) und Abhängigkeitsverhältnisse, vergleicht »Behauptungen [...] mit tatsächlichen Zuständen«, dokumentiert »Stillschweigen, die Ausflüchte der Beteiligten« (98). »Authentische Personen werden als Repräsentanten bestimmter gesellschaftlicher Interessen gekennzeichnet. Nicht individuelle Konflikte werden dargestellt, sondern sozial-ökonomisch bedingte Verhaltensweisen.« (98f.)
- Im dT werden die auftretenden Figuren »in einen geschichtlichen Zusammenhang versetzt«. Es wird »die Entwicklung gezeigt, deren Ausschlag sie sind, und es wird aufmerksam gemacht auf noch bestehende Folgeerscheinungen«. (100)
- Das dT ist »parteilich« (99).

Die politische Tendenz des Stückes und der antikapitalistische Standpunkt des Verfassers – bekräftigt am 1.9.1965 in den »10 Arbeitspunkte[n] eines Autors in der geteilten Welt« (Rapporte 2, S. 14–23) mit seinem Eintreten für die sozialistische Gesellschaftsordnung –, wurden zum Stein des Anstoßes. Es verunsicherte manchen Kritiker, daß das Auschwitz-Stück nicht Schilderung der Vergangenheit sein sollte, »sondern Schilderung der Gegenwart, in der die Vergangenheit wieder lebendig wird« (Weiss im August 1965, Gespräche mit E. Schumacher, in: Materialien zu »Marat/Sade«, S. 103).

Im Sinne einer marxistischen Interpretation sieht Weiss die Wurzeln des NS-Regimes und der Vernichtungslager in der kapitalistischen Gesellschafts- und Wirtschaftsordnung. Mehrfach wird der Leser/Zuschauer damit konfrontiert. So äußert sich im 4. Gesang der Zeuge 3:

»Wir kannten alle die Gesellschaft / aus der das Regime hervorgegangen war / das solche Lager erzeugen konnte / Die Ordnung die hier galt / war uns in ihrer Anlage vertraut / deshalb konnten wir uns auch noch zurechtfinden / in ihrer letzten Konsequenz / in der der Ausbeutende in bisher unbekanntem Grad / seine Herrschaft entwickeln durfte / und der Ausgebeutete / noch sein eigenes Knochenmehl / liefern mußte« (S. 78/79).

In diesen Sätzen ist das ausgesprochen, was der Autor in einem Interview mit der schwedischen Zeitung »Stockholms Tidningen« bekräftigte. Ein Großteil des Stückes, so Weiss, »behandelt die Rolle der deutschen Großindustrie bei der Judenausrottung. Ich will den Kapitalismus brandmarken, der sich sogar für Geschäfte mit Gaskammern hergibt.« (Der Spiegel 43/1965, S. 155)

Schon im 1. Gesang wird vom Zeugen 1 auf die Interessenverflechtung und das harmonische Zusammenleben von Großwirtschaft und Lagersystem hingewiesen: »Die

Ortschaft war von der einheimischen / Bevölkerung geräumt worden / Es wohnten dort Beamte des Lagers / und Personal der umliegenden Industrien« (S. 10).

Das Zusammenspiel in der Ausbeutung der Häftlinge verlief auf verschiedenen Ebenen. Der totalen Ausplünderung schon auf der Rampe – »In der Effektenkammer ergaben sich / bei der Zusammenrechnung / Milliardenwerte« (S. 27) – folgte die Ausnutzung der riesigen Arbeitskraftressourcen, z.b. in den Buna-Werken der IG Farben (vgl. »Gesang vom Ende der Lili Tofler«), folgte die »Verwendung« der Häftlinge als Versuchskaninchen für medizinische Experimente der pharmazeutischen Industrie (vgl. S. 88f.), folgte das »Ausschlachten« der vergasten Menschen: »sodann wurde das Haar geschnitten / und sofort gebündelt / und in Säcke verpackt / und zum Schluß traten die Zahnzieher an« (S. 175).

Das Lager selbst war zum großen Wirtschaftsbetrieb geworden. Der Angeklagte 1, Mulka: »Ich habe Preise kalkuliert / Arbeitskräfte eingeteilt / und Personalien bearbeitet« (S. 72).

Manche Unternehmen profitierten zudem vom Verkauf der Vernichtungsinstrumente selbst: Da war die »Firma Degesch / die das Gas lieferte« (S. 157), und da war die Firma Topf, die die Verbrennungsöfen herstellte (S. 176).

Wenn Motekat meint, Weiss habe »lediglich in einer kurzen Anspielung auf die Mitwirkung einzelner Firmen an mechanisiertem Massenmord« hingewiesen und die Kapitalismus-Anklage sei eigentlich nicht sein Anliegen (Motekat 1977, S. 82), so trifft weder das eine – die Zahl der hier angeführten Belege ließe sich noch vermehren –, noch das andere zu.

Man muß nicht nur Weiss' eigene Interpretation des Stückes – siehe oben – ernstnehmen, man muß sich auch fragen, warum er denn wiederholt auf vermeintlich nicht wegzuleugnende Kontinuitäten zwischen damals und heute den Finger legt. »Nicht zu übersehen« seien diese »Stellen mit den *Gleichheitszeichen*«, bemerkt K. Stocker (1966, S. 38) zu recht.

Einige Beispiele aus der *Ermittlung:*

– Da ist der angeklagte Lagerapotheker Dr. Capesius, vor dem Krieg »Vertreter des Bayer-Konzerns« (S. 15), der »sofort nach dem Krieg«, angeblich aus dem Erlös von Wertgegenständen der getöteten Häftlinge, »eine eigene Apotheke / und einen Schönheitssalon einrichtete« (S. 160).

– Da ist der Zeuge 1, früher der Lagerverwaltung zugehörig, »heute Ministerialrat« und Empfänger einer »Ehrenrente dieser Industrien« (S. 91) von Auschwitz. (Der Ankläger im Gesang 7, I zu dem gleichen Zeugen: »Sie sind heute Leiter / eines großen kaufmännischen Betriebes«, S. 117).

– Da ist die Aussage des Zeugen 7 im 11. Gesang über die Krematorien: »Der Hersteller dieser Öfen / die Firma Topf und Söhne hat / wie es in ihrer Patentschrift / nach dem Kriege heißt / ihre Einrichtungen / auf Grund gewonnener Erfahrungen / verbessert« (S. 176).

– Da ist die Stellungnahme des Zeugen 3 im letzten Gesang: »Die Angeklagten in diesem Prozeß / stehen nur als Handlanger / ganz am Ende / Andere sind über ihnen / die vor diesem Gericht nie / zur Rechenschaft gezogen wurden / Einige sind uns hier begegnet / als Zeugen / Diese leben unbescholten / Sie bekleiden hohe Ämter / sie vermehren ihren Besitz / und wirken fort in jenen Werken / in denen die Häftlinge von damals / verbraucht wurden« (S. 182).

– Da ist schließlich der Satz des Angeklagten Mulka, das Schlußwort des Oratoriums: »Heute / da unsere Nation sich wieder / zu einer führenden Stellung / emporgearbeitet hat / sollten wir uns mit anderen Dingen befassen / als mit Vorwürfen / die längst als verjährt / angesehen werden müßten« (S. 185f.).

Dieser Satz Mulkas erfährt »laute Zustimmung von Seiten der Angeklagten« (S. 186).

»Solche Anspielungen«, und es finden sich davon weitere im Stück, »sind dem Autor sicherlich nicht versehentlich ›unterlaufen‹« (Stocker 1966, S. 39). Gewiß nicht, denn das ist die Gegenwart, in der die Vergangenheit wieder lebendig wird; hier »formuliert sich das Unbehagen [...] gegenüber der von ökonomischer Expansion und politischer Restauration geprägten westdeutschen Nachkriegsgesellschaft« (Schütz/Vogt 1980, S. 164).

Manche Industriezweige in der Bundesrepublik fühlten sich durch das Stück angesprochen, sie sahen sich verunglimpft und erkannten darin eine Geschäftsschädigung. So meinten jedenfalls ihre protestierenden Sprecher.

Im »Industriekurier« vom 30.10.1965 notierte ein Rezensent:

»›Die Ermittlung‹ hat zum Inhalt den Auschwitz-Prozeß, der länger als ein Jahr in Frankfurt abgespult wurde. Aber Peter Weiss benutzt diesen Prozeß als Vorwand, um dahinter etwas ganz anderes sichtbar zu machen. Es handelt sich um nicht mehr oder weniger als einen massiven Angriff auf die sozialen Verhältnisse in Westdeutschland; auf die Partnerschaft der modernen Industriegesellschaft, auf die wirtschaftliche Ordnung, welche die Arbeitnehmer zu Nutznießern einer hochentwickelten Wohlstandsgesellschaft gemacht hat.«

In der Aussage Mulkas und dem Kommentar des »Industriekurier« drückt sich das aus, was von vielerlei Seiten wiederholt als Argument gegen und Schutz vor einer Auseinandersetzung mit dem NS-Regime und seinen Ursachen gesagt wurde, so daß schließlich »die neuen ungeahnten Erfolge der kapitalistischen Produktion nach Kriegsende als ideologische Rechtfertigung des Nachfolgestaats Bundesrepublik und in paradoxer Umkehrung als Zeichen für die Überwindung der Vergangenheit« erscheinen konnten (Hilzinger 1976, S. 92).

Es gab etliche Stimmen, die so reagierten, wie der »Industriekurier«, und auch in der Forschungsliteratur findet man Autoren, die von ›heilsweisender Agitation‹ sprechen (Best 1970, S. 943) oder von einem Stück, das »eindeutig im Sinne der kommunistischen Polemik gegen die Bundesrepublik« abgefaßt sei (F. Müller 1973, S. 58). Aber es gab auch Gegenstimmen, wie die von Walter Jens, der diesen gesellschaftlich-ökonomischen Hintergrund von Auschwitz, die den NS-Staat fördernden Interessengruppen, gerne breiter dargestellt gesehen hätte: »Das vermeidbare Auschwitz, das geschichtlich zu rekonstruierende, das wiederholbare Auschwitz scheint mir bei Weiss zu kurz gekommen zu sein.« (Jens 1970, S. 93)

Allerdings muß auch Jens zugestehen, daß Weiss bei den zitierten eindeutigen Aussagen von Zeugen und Angeklagten nicht stehenbleibt, sondern daß er gerade die Frage der möglichen Wiederholbarkeit, wie sie sich in ›sozial-ökonomisch bedingten Verhaltensweisen‹ (vgl. Notizen, S. 99), in einer bestimmten, scheinbar ungebrochenen, geistigen Haltung ausdrückt, durch stilistische, sprachliche und dramaturgische Akzentuierungen kräftig unterstreicht.

Hingewiesen sei an dieser Stelle nur auf das verräterische Vokabular, die technokratisch-gefühllose Ausdrucksweise von Angeklagten und besonders auch Verteidigern. So fragt der Verteidiger im »Gesang von der Schaukel«: »Herr Zeuge / wurden Sie einer Behandlung auf dieser Maschine / unterzogen« – Zeuge 8: »Ja« – Verteidiger: »Es war also doch möglich / dies zu überleben« (S. 61) (s. auch den Kommentar des »Industriekurier«, worin es heißt, daß der »Auschwitz-Prozeß [...] abgespult [!] wurde«, s.o.).

Erwähnt seien die Reaktionen der Verteidiger, die mit ihren Entlastungsprotesten ungewollt die Kontinuität einer Ideologie zum Ausdruck bringen, die symbolisch durch die Personen auf der Anklagebank vertreten ist. Beispiel: »Hier steht nur zur

Diskussion / was unseren Mandanten / bewiesenerweise vorgehalten werden kann / Vorwürfe allgemeiner Art / bleiben belanglos / vor allem Vorwürfe / die sich gegen eine ganze Nation richten / die während der hier zu erörternden Zeit / in einem schweren und aufopfernden / Kampf stand« (S. 182).

Genannt sei auch »die kritische Aufdeckung gesellschaftlich geprägter Bewußtseins-strukturen [...] durch die Montage [...], durch jene Verfremdungstechnik, die mittels ›harter Schnitte‹ und zugespitzter Kontraste Widersprüche akzentuiert und andere Haltungen als die auf der Bühne vorgetragenen herausfordert« (Hilzinger 1976, S. 94f. – vgl. z.B. den obigen Dialog aus dem »Gesang von der Schaukel«; zu diesen Punkten weiteres in den folgenden Kapitelabschnitten).

Angesichts der bisweilen unfaßbaren Argumentationsweise der Verteidigung – z.B. wenn im Zusammenhang mit der Zahl der Auschwitz-Opfer von »Übertreibungen« und »Beschmutzungen« gesprochen und erklärt wird: »Nur die Tötung von einigen Hunderttausend / hat Beweiskraft / Die Mehrzahl der genannten Gruppen / gelangte nach dem Osten / und als Ermordete können nicht solche zählen / die als Banden aufgegriffen / und liquidiert wurden « (S. 183) –, greift der Ankläger ein und stellt deutlich fest: »In einem solchen Verhalten der Verteidigung / wird offensichtlich die Fortsetzung / jener Gesinnung demonstriert / die die Angeklagten in diesem Prozeß / schuldig werden ließ« (S. 184).

Und genau dieses bewußt zu machen, gehörte zu den Absichten des Autors Weiss.

In der *Ermittlung* sind zwei weitere Problemkreise angesprochen, welche in der Sekundärliteratur zuweilen als die eigentlich wichtigen Themen dieses Dramas hervorgehoben werden und welche für Weiss selbst – zieht man bestimmte wiederkehrende Äußerungen in seinen frühen Arbeiten als Indiz heran – nicht nur gleichberechtigt neben der Kritik am Kapitalismus und seinen Folgeerscheinungen in der Vergangenheit und Gegenwart stehen, sondern sogar als Teil derselben angesehen werden:
– die Frage nach Schuld/Mitschuld
– die Frage nach der Austauschbarkeit von Opfern und Mördern.
Im Kapitel über die »Entstehung des Werkes« (1.3) ist die intensive Auseinandersetzung Weiss' mit diesen Fragen, wie sie u.a. im *Abschied von den Eltern*, im *Fluchtpunkt*, in *Meine Ortschaft* und in den Dante-Arbeiten zum Ausdruck kommt, eingehend dargestellt und belegt worden. Die Vertrautheit mit der Problematik voraussetzend, ist zu prüfen, in welcher Form sie in der *Ermittlung* Eingang findet.

b) Zur Frage der Schuld/Mitschuld

Es geht hier um eine nicht nach Paragraphen zu bewertende Schuld, um eine ethisch-moralische, vielleicht auch politische. Keiner der Angeklagten zeigt ein wirkliches Unrechtsbewußtsein. Jeder scheint zwar irgendwie das begangene ethisch-moralische Unrecht zu spüren, bekennt sich aber nicht dazu, sondern versucht im Gegenteil alle Handlungen permanent zu rechtfertigen. Dieses geschieht auf verschiedene Weise.

Entweder bemühen sich die Angeklagten, in einem günstigen Licht zu erscheinen – Angeklagter 4: »Ich selbst habe alles getan / um den Häftlingen Hilfeleistungen / zukommen zu lassen« (S. 24); Angeklagter 18: »Ich selbst [...] habe Mithäftlinge in meiner Stube / schlafen lassen« (S. 41) –, oder sie reduzieren ihren Anteil an der Vernichtungsmaschinerie auf eine untergeordnete, unbedeutende Funktion. Stereotype Ausdrücke wie folgende könnten Seiten füllen: »Ich war nur dort / um ...« (S. 16),

»Ich hatte nur ...« (S. 20), »Ich gehörte nur ...« (ebd.), »Ich war lediglich ...« (S. 24).
Andere drücken es so aus: »Da war ich gar nicht zuständig« (S. 42); »das lag außerhalb meiner Zuständigkeit« (S. 68); »Es war nicht meine Aufgabe / mich darum zu kümmern« (S. 72); »Dazu war ich nicht befugt« (S. 113).

Einige berufen sich auf Unwissenheit, wollen keine Kenntnis davon gehabt haben, was im Lager geschah: »Wie sollte man sowas schon glauben« (S. 11); »Davon war mir nichts bekannt« (S. 72). Lageradjutant Mulka will gar erst »gegen Ende« seiner Dienstzeit von den Vernichtungsaktionen erfahren haben (S. 184).

Man leugnet die vorgeworfenen Taten: »Ich hatte nie etwas damit zu tun« (S. 25); »Ich war dort nicht im geringsten aktiv« (ebd.); »Ich habe im Lager keinen Schuß abgegeben« (S. 113). Am konsequentesten streitet wiederum Mulka alles ab (vgl. S. 164), und er behauptet ungerührt: »Ich habe meinen Fuß nie in das Lager gesetzt« (S. 70).

Man täuscht Erinnerungsschwächen vor: »Der Fall ist mir nicht erinnerlich« (S. 29), oder man stellt sich dumm: »Ich weiß überhaupt nicht / was man von mir will« (S. 19).

Aber diese »Verharmlosungstaktik der Angeklagten« (Hartmann 1981, S. 167) läßt sich angesichts der präzisen Zeugenaussagen zumeist nicht durchhalten. Die Angeklagten geraten in Widersprüche, geben, wegen der drückenden Beweise, ihre Mitwirkung in Einzelfällen zu, bringen aber gleichzeitig neue Rechtfertigungsgründe vor.

»Befehlsnotstand« ist ein Stichwort: »Was sollte ich denn machen / Befehle mußten ausgeführt werden« (S. 18); »Es war Befehl / Ich konnte nichts dagegen tun« (S. 131).

Angst vor Strafe ein anderes: »Ich war Offizier / und kannte das Militärstrafgesetz« (S. 184); »Dann wäre ich an die Wand gestellt worden« (S. 131).

Der Angeklagte 6 schildert seine anfänglichen Skrupel. Er habe dann mit einem Geistlichen und einem Juristen gesprochen: »Beide sagten mir / unmoralische Befehle dürfen nicht befolgt werden / jedoch ginge dies nicht so weit / daß man dabei sein eigenes Leben / gefährden müsse« (S. 25).

Dieser behaupteten Zwangslage der Angeklagten wird im Stück mehrfach widersprochen. Es habe zwar kaum die Möglichkeit gegeben, aktiven Widerstand zu leisten, aber passiver Widerstand in den verschiedensten Formen sei durchaus praktizierbar gewesen.

So erklärt der Zeuge 1 zunächst, daß jeder, der in das »Reglement« des Lagers geriet, mitmachen mußte (S. 47).

Auf weiteres Befragen berichtet er, daß er an den Selektionen teilnehmen sollte: »Doch ich weigere mich« – Ankläger: »Was geschah auf Ihre Weigerung hin« – Zeuge 1: »Es geschah nichts / Ich hatte bei den Selektionen / nicht mitzuwirken« (S. 48).

Von Zeugen hingewiesen wird insbesondere auf das Verhalten des Sanitätsdienstgrades Flacke (S. 46) und des Häftlingsarztes Dr. Flage (S. 75), die dafür sorgten, daß Häftlinge überleben konnten. Zeugin 5 bejaht daher auch die Frage des Anklägers, ob es »an jedem einzelnen der Bewacher lag / sich gegen die Verhältnisse zu wehren / und sie zu verändern« (S. 47), und der Zeuge 3 meint: »Der Lagerarzt Flage zeigte mir [...] daß es möglich gewesen wäre / auf die Maschinerie einzuwirken / wenn es mehr gegeben hätte / von seiner Art« (S. 75).

Allerdings widerspricht sich derselbe Zeuge, wenn er einerseits feststellt, daß es jedem vom Lagerpersonal freistand, »zu töten / oder zu begnadigen« (S. 75), andererseits aber bekundet: »sie töteten nur weil sie töten mußten« (S. 68).

Dies mag darauf hinweisen, wie schwierig es ist, die Frage des möglichen Widerstandes im Räderwerk der Vernichtung überzeugend zu beantworten. Vermutlich aber deckt sich Weiss' Position mit der des Anklägers, der sagt: »Die Angeklagten töteten aus freiem Willen« (S. 77), denn es sei »in keinem Fall erwiesen / daß demjenigen der sich weigerte / bei Tötungen mitzuwirken / etwas geschehen wäre« (S. 134).

Doch ob diese unmißverständliche Deutung Bestand haben kann, darüber läßt die *Ermittlung* den Zuschauer im Zweifel. Denn das Stück wirft auch die Frage auf, ob die Angeklagten während des zur Verhandlung stehenden Zeitraumes überhaupt ein Unrechtsbewußtsein haben oder entwickeln konnten, aus dem heraus der Gedanke an Widerstand erst zu keimen vermochte.

Folgt man der *Ermittlung* und dort der Ansicht des Zeugen 3, so tötete die Mehrzahl »nicht aus Haß und nicht aus Überzeugung« (S. 68), und auch nur »wenige töteten aus Leidenschaft« (ebd.), selbst wenn das Weiss-Stück gerade von dieser Kategorie einige Beispiele liefert.

Auch die Berufung auf den Befehlsnotstand verdeckt nur etwas, was Hädecke »eine Feigheit, oder sagen wir: eine Unfähigkeit zum Nein-Sagen« (Hädecke 1966, S. 168) nennt.

Woraus resultiert diese Unfähigkeit? Sie resultiert möglicherweise aus einer Erziehung, die für die Auschwitz-Generation in jener verlogenen Parole Ausdruck fand, die auf dem Küchendach des Lagers in großen Lettern geschrieben war:

»ES GIBT EINEN WEG ZUR FREIHEIT
SEINE MEILENSTEINE HEISSEN
GEHORSAM FLEISS SAUBERKEIT
EHRLICHKEIT WAHRHAFTIGKEIT
UND LIEBE ZUM VATERLAND« (S. 87).

Am Unterscharführer Stark, dessen Weg zum Auschwitz-Täter an der Nahtstelle des Stückes nachgezeichnet wird, verdeutlicht Weiss die Konsequenzen dieser Erziehung.

»Von den Angeklagten, die sich in Frankfurt zu verantworten hatten, war er der zweitjüngste, noch keine 20 Jahre alt, als er im Dezember 1940 nach Auschwitz versetzt wurde. An seiner Person werden die Schwierigkeiten evident, die Unrechtmäßigkeit von Befehlen zu durchschauen, die in Übereinstimmung mit einem anerzogenen Rechtsgefühl standen. Denn unerhört und erschreckend an Stark ist ja nicht, daß er mit den Häftlingen über den Humanismus bei Goethe disputiert, sein Handeln jedoch im Grunde einen einzigen Widerruf des Ethos der Menschlichkeit darstellt. Sondern der Erfolg einer weltanschaulichen Schulung bei einer Generation, die zur Zeit der Machtergreifung zu jung war, um sich gegen Propaganda und Demagogie wappnen zu können, ihre Erziehung bis zu einem Grad von Willfährigkeit, der noch kaltblütiges Liquidieren als ›zum besten / des eigenen Volkes‹ sanktionierte.« (Hartmann 1981, S. 168)

Resümierend bemerkt Stark am Schluß des Gesanges: »Herr Vorsitzender / Uns wurde das Denken abgenommen / Das taten ja andere für uns« (S. 110), und erfährt das zustimmende Lachen der übrigen Angeklagten. Diese Einlassung Starks hat, objektiv gesehen, durchaus einen realen Hintergrund, auch wenn die Angeklagten hier ganz subjektiv lediglich eine willkommene Entschuldigung für ihr vergangenes Tun sehen mochten.

Mit ihrer «prinzipiell vorhandene[n] Anpassungsbereitschaft« (Hartmann 1981, S. 168) fügten sich die Angeklagten dann weitgehend problemlos in die Auschwitz-Maschinerie.

Der Angeklagte 8: »Ich habe nur meinen Dienst gemacht / Wo ich hingestellt werde / mache ich eben meinen Dienst« (S. 17), oder der Angeklagte 9: »man sagte mir nur / daß ich meine Pflicht zu erfüllen habe« (S. 131).

Der Angeklagte Mulka faßt dies schließlich in dem Satz zusammen: »Wir alle / das möchte ich nochmals betonen / haben nichts als unsere Schuldigkeit getan / selbst wenn es uns oft schwer fiel / und wenn wir daran verzweifeln wollten« (S. 185). Und so dachten vermutlich auch die Tausende, die im Lager Dienst taten, so dachte »jeder Zugführer / jeder Weichensteller / jeder Bahnhofsbeamte / der mit der Verfrachtung der Menschen / zu tun hatte«, so dachte »Jede Telegraphistin und Stenotypistin / an denen die Deportationsbefehle vorbeiliefen«, so dachten die Leute in den zahlreichen Amtsstellen, »die mit den Aktionen beschäftigt waren« (S. 181), so dachte ein Volk, das dabei stand und zuschaute, »als man uns aus unsern Wohnungen vertrieb / und in die Viehwagen lud« (S. 182).

Man schwieg und meinte, damit seine Pflicht zu tun.

Der Zeuge 3, dessen Aussagen die Zitate entnommen sind, verweist auf die Verantwortlichkeit des ganzen Kollektivs: »Ich stehe gleichgültig / vor den einzelnen Angeklagten / und gebe nur zu bedenken / daß sie ihr Handwerk / nicht hätten ausführen können / ohne die Unterstützung / von Millionen anderen« (S. 181/82).

c) Die Austauschbarkeit von Mördern und Opfern

Der Nachweis einer Mitschuld der »Unbeteiligten« an den in Auschwitz verübten Verbrechen (vgl. Geiger 1973, S. 148) genügt Weiss nicht. Er geht auch der Frage nach, wie es möglich war, daß die Menschen in diesem System »auf der einen Seite zu den Henkern und auf der anderen Seite zu den Häftlingen geworden sind« (Weiss, August 1965, Gespräch mit E. Schumacher, in: Materialien zu »Marat/Sade« S. 107). Es ist die Frage nach der Austauschbarkeit von Mördern und Opfern, die der Zeuge 3 im Stück so zu beantworten versucht:

> »Viele von denen die dazu bestimmt wurden / Häftlinge darzustellen / waren aufgewachsen unter den selben Begriffen / wie diejenigen / die in die Rolle der Bewacher gerieten / Sie hatten sich eingesetzt für die gleiche Nation / und für den gleichen Aufschwung und Gewinn / und wären sie nicht zum Häftling ernannt worden / hätten sie auch einen Bewacher abgeben können« (S. 78).

Diese Bemerkung wird oft als eine der Schlüsselstellen der *Ermittlung* angesehen (vgl. Blumer 1977, S. 132; Hartmann 1981, S. 173), denn in ihr wird nicht weniger behauptet, als daß »[fast] jeder andere, wäre er in die gleiche Rolle geraten« wie die Angeklagten, »vergleichbar gehandelt hätte« (Schöfer 1966, S. 61), daß alle, »wenn nicht als mögliche Opfer so doch als potentielle Täter in Betracht zu ziehen sind« (Geiger 1973, S. 148).

Wiederholt hat Weiss sich selbst die Frage gestellt, wie er sich denn verhalten hätte, wäre er nicht mit seinen Eltern ins Exil gekommen (vgl. Kap. 1.3). Zuletzt äußerte er sich am 19.9.1981 in einem Gespräch mit H.L. Arnold zu den Schlagworten »Der Mörder in uns« und »Hitler in uns«.

Es habe doch, so meint Weiss, viele Menschen gegeben, »die sich nicht haben knechten und unterdrücken und einzwingen lassen in diese Muster, sondern standgehalten und sich gewehrt haben«. Und er »nehme an, oder [...] hoffe, oder glaube«, wenn er seinen heutigen Erkenntnisstand, seine Erfahrungen und Reaktionen zugrunde lege, daß auch er nicht auf die Seite der Henker gekommen wäre. (Die Zeit, 29.1.1982) Auch die *Ermittlung* zeigt ja einige Beispiel vorsichtigen Widerstands beim Lagerpersonal (s.o.), und sie zeigt auch die politisch Aktiven unter den Häftlingen (z.B. Zeuge 3), deren gemeinsame Solidarität das Lagerleben erträglicher machte.

Allerdings unterstreicht die *Ermittlung* mehr noch die These von der Vertauschbarkeit der Rollen. Sie zeigt, wie »drinnen in den Lagern die Opfer mit den Mördern zusammenrückten« (Hübner 1965, S. 420).

Der Kampf ums nackte Überleben trieb die Häftlinge dazu, die Schwächeren unter ihresgleichen niederzustoßen, denn eine Chance hatte »nur der Listige / der sich jeden Tag [...] seinen Fußbreit Boden eroberte« (Zeugin 5 im »Gesang vom Lager«, S. 34). »Die Frage / was recht sei und was unrecht« (Zeugin 5, S. 45), bestand auch unter den Häftlingen nicht mehr.

Wer in die bevorzugte Stellung eines Funktionshäftlings aufgestiegen war, handelte zuweilen wie der uniformierte Mörder, aus Furcht, die Position wieder zu verlieren und dann genauso gequält und getötet zu werden wie die Leidensgenossen: »So schlug sie uns / weil sie oben bleiben wollte / um jeden Preis« (Zeugin 4, S. 45). Funktionshäftlinge halfen mit bei den Tötungen, nahmen teil »an den Machenschaften des Systems«, denn, so der Zeuge 3, wir »gehörten dem System an / Der Unterschied zwischen uns / und dem Lagerpersonal war geringer / als unsere Verschiedenheit von denen / die draußen waren« (S. 78).

Die Frage nach Schuld und Unschuld ist bei Weiss eine Frage nach den Lebensumständen, nach der Gesellschaft, nach dem Gesellschaftssystem. Wohl nicht zufällig meint Otto F. Best daher eine »fast verständnisvolle, menschliche Einstellung den Henkern gegenüber« entdecken zu können, die scharf kontrastiere »mit der Verurteilung einer Gesellschaft, die solche Monstrositäten zugelassen, den Henker im Menschen (und im Opfer) geweckt hat« (Best 1971, S. 140).

Daß Weiss in der täglichen Realität keine milde Haltung gegenüber den Auschwitz-Tätern einnimmt, steht auf einem anderen Blatt: »Es gibt keine versöhnlichen und keine entschuldigenden Züge für die SS-Mörder, die die Gefangenen in die Gaskammern getrieben haben.« (Der Spiegel 12/1968, S. 182)

Kritisch beurteilt die DDR-Wissenschaftlerin B. Thurm den vermittelten Eindruck von der Austauschbarkeit der Opfer-Täter-Rolle. Aus marxistischer Sicht könnten »Widersprüche zwischen der moralischen Haltung und der philosophischen Position des Autors im Stück nicht übersehen werden« (Thurm 1969, S. 1095).

»Einerseits verurteilt Weiss die Mitläufer und Handlanger genauso wie die Urheber und Anstifter von Auschwitz. Immer wieder hebt er die persönliche Verantwortung des einzelnen hervor. Er zeigt moralische Alternativen an der Haltung Lili Toflers und Flages. [...] Andererseits geht Weiss [...] von der Fiktion einer Vertauschbarkeit verschiedener menschlicher Existenzen aus. Die Abhängigkeit von und die Erziehung durch ein verkommenes Gesellschaftssystem schließt, seiner Ansicht nach, beide Existenzformen, die des Unterdrückten wie die des Unterdrückers, des Aufsehers und des Häftlings in sich ein. [...] Weiss zeigt direkt, wie unmenschliche Verhältnisse den Menschen zur Bestie machen und damit indirekt, daß menschliche Verhältnisse die Voraussetzung menschenwürdigen Handelns sind. Aber die Schere schließt sich nicht: Wenn die Menschen durch ihre (schlechte) Umwelt restlos konditioniert sind, wie könnte diese Umwelt von eben diesen Menschen denn verändert werden? Ähnlich Dürrenmatt und Walser bleibt Weiss [...] hier künstlerisch noch im Irrgarten eines mechanischen, vormarxistischen Determinismus gefangen [...]. Weiss stößt dramaturgisch noch nicht zur Subjekt-

Objekt-Dialektik vor. Aus der Gesamtstruktur des Stückes ist noch nicht ablesbar, daß sich der Mensch im Prozeß der Veränderung seiner Umwelt, in der revolutionären Praxis, selbst mitverändert, revolutioniert.« (Ebd., S 1095f.)

d) Die »Ermittlung« als Mahnung gegen das Verschweigen und Vergessen

»Fragwürdig ist, daß das Motiv Judenvernichtung als auslösendes Moment der KZ-Greuel zurücktritt hinter das Motiv des kapitalistischen Interesses an äußerster Ausbeutung. Auschwitz als Konsequenz des Nazismus, dieser als Konsequenz des Kapitalismus.« (Vormweg 1981, S. 98)
Die von Weiss gesetzten Prioritäten kritisch zu bewerten, ist legitim. Verstehen kann man gewiß auch die Reaktion eines Mannes, der die KZ-Lager wie durch Zufall überlebte und nun empört feststellt: »Ein gefeierter europäischer Bühnenschriftsteller schrieb ein Stück über die Auschwitzprozesse, und er brachte es fertig, darin das Wort ›Jude‹ nicht einmal zu erwähnen, nicht ein einziges Mal!« (E. Wiesel, Die Massenvernichtung, in: Kogon/Metz u.a. 1979, S. 48)
Aber man kann demselben überhaupt nicht in dem Vorwurf zustimmen, dieses sei ein schamloser Versuch, »die Opfer ihres Gedenkens zu berauben«. Im Gegenteil. Mit dem Stück setzt Weiss allen, die während der NS-Herrschaft in den KZ-Lagern leiden mußten, gefoltert wurden, umkamen, ein Denkmal. Denn Weiss ging es nicht um Rassenfragen, nicht um spezielle Gruppen – erwähnt werden auch nicht Zigeuner oder Homosexuelle –, sondern es ging ihm um die Häftlinge, um die Verfolgten ganz allgemein, um sie als Opfer eines Systems der Menschenausbeutung und Menschenvernichtung. Für diese gewollte Verallgemeinerung spricht auch, daß in dem Stück nicht ein einziges Mal der Name »Auschwitz« fällt.
Die »Ermittlung« sollte mehr sein »als nur ein Requiem für jene in Auschwitz Ermordeten« (Thomas/Bullivant 1975, S. 135). Sie sollte helfen, die »fatale kollektive Vergessenheit« hinsichtlich des Geschehenen aufzubrechen (Thomas Koebner, Dramatik und Dramaturgie. In: ders., Tendenzen der deutschen Literatur seit 1945. Stuttgart 1971, S. 217). Nimmt man die ungeheure Publizität zum Maßstab, die dieses Stück in den sechziger Jahren wegen seiner provozierenden Eindeutigkeit erfuhr, dann hat sich diese Absicht Weiss' erfüllt.
Es würden, so heißt es in einem Aufsatz, »weniger Menschen in Deutschland von den Untaten und beispiellosen Verbrechen reden, die mit dem Namen Auschwitz unaustilgbar verbunden sind, wenn es dieses Dokumentarstück in 11 Gesängen *nicht* gäbe!« (Stocker 1966, S. 34f.)
Erreichen konnte das Stück solches durch seine emotionale und durch seine intendierte aufklärerische Wirkung.
Die emotionale Wirkung resultiert nach Auffassung aller Kritiker aus dem schockierenden Stoff, aus den Berichten der Zeugen. In dem von ihnen verursachten »Anstoß zum Mit-Leiden« sieht E. Wolffheim »eine wesentliche Bedeutung des Dramas« (Wolffheim 1980, S. 318). Ob aber das Stück »mehr als Erschütterung und Scham, nämlich Katharsis bewirken kann« (Hädecke 1966, S. 166), ob es ein kritisches Bewußtsein formen oder schärfen kann, das ist natürlich nicht nachweisbar.

e) Peter Weiss: Antwort auf eine Kritik zur Stockholmer Aufführung der »Ermittlung«

Am 18.3.1966 veröffentlichte Weiss in der Stockholmer Zeitung »Dagens Nyheter« seine Antwort auf eine Kritik Harald Ofstads zum Inhalt des Stückes. Darin konkretisierte er in 6 Punkten noch einmal das, was er mit dem Stück darzustellen beabsichtigte. Die wichtigsten Aspekte seien hier aufgeführt. Zitiert wird nach dem Abdruck in Rapporte 2, S. 45–50.

1. Die Angeklagten im Frankfurter Auschwitz-Prozeß haben fast alle »kein Verständnis für ihre Mitschuld gezeigt. Sie wiederholten ständig, daß sie nur ihre Pflicht taten. Für uns mag das banal klingen. Aber es ist ein wichtiges Faktum. Warum gaben sie diese Haltung nicht auf? Weil ihre Handlungen die natürliche Folge einer Gesellschaftsordnung waren, in der sie, zusammen mit vielen andern, lebten. Die Angeklagten waren Durchschnittsmenschen, und in den meisten Fällen hatten sie ein durchschnittliches Familienleben, mit all den uns bekannten banalen und rührenden Einzelheiten. Wie konnten sie gleichzeitig an einem Massenmord teilnehmen?

   Weil der Massenmord legitim wurde, weil sie nur im Bewußtsein handelten, eine Teilarbeit zu leisten zum Besten einer ›großen Idee‹. Die Idee, der sie Folge leisteten, war: die Notwendigkeit der Vernichtung einer minderwertigen Rasse und einer schädlichen politischen Anschauung. Während des Nazismus handelte es sich [...] um das Judentum und den Weltkommunismus.« (S. 45f.)

   »Der Spielraum eines Schauspiels hätte nicht ausgereicht, um die Gründe des Antisemitismus zu analysieren. Ich befaßte mich nur mit den Folgeerscheinungen.« (S. 46)

2. »In dem Stück treten immer wieder Zeugen auf, die auf seiten der Angeklagten tätig waren, doch heute unbescholten in der westdeutschen Gesellschaft leben. Warum sitzen sie nicht auf der Anklagebank? Weil man sie nicht bei den letzten Handlungen des tätigen Mords ertappte. Weil sie zu den Organisatoren gehörten, zu den Befehlserteilern, weil sie sich nicht beschmutzten. [...] Sie können auch heute noch glauben, daß sie das Richtige taten, weil die Gesellschaftsordnung, unter der sie leben, sich nicht grundsätzlich geändert hat. [...] In Militär und Industrie, weitgehend auch im Rechtswesen und in den Bildungsinstitutionen, sind nach wie vor Kräfte vorhanden, die dem Nazismus nahestanden. Deshalb dürfen die Zeugen, die ehemals für die Lagerwelt arbeiteten, so sicher auftreten und sich im Vollgefühl ihrer Rechtschaffenheit äußern.« (S. 46f.)

3. »Ein zentraler Abschnitt des Stücks weist auf die Rolle der Gesellschaft hin, in der solche Lager entstehen können. Es wird ausgesprochen, daß es sich hier nur um die letzte Konsequenz eines Systems der Ausbeutung handelt, das von einem andern Gesichtspunkt aus schönfärberisch ›Freies Unternehmertum‹ genannt wird.

   Die Tatsache – eine übliche Erwiderung –, daß es auch in der Sowjetunion Konzentrationslager und Menschenvernichtung gegeben hat, ist auf völlig andere, wenn auch nicht bessere Gründe zurückzuführen. Dies war nur möglich in einem von totalitärer Despotie beherrschten Sozialismus. Unmöglich wäre es in einer Gesellschaft, in der der Sozialismus sich verwirklicht hat und die Klassenunterschiede aufgehoben sind.« (S. 47f.)

4. »Wesentliche Hinweise in dem Stück beziehen sich auch darauf, daß es an jedem Einzelnen lag, sich gegen die herrschende Ordnung zu stellen und sie zu verändern. [...] Hier mag auch die Parallele aufklingen, wie schwer es heute noch eine westdeutsche Opposition hat, und wie unmöglich es erscheint, sich gegen die kompakte und konservative Masse von Vorurteilen und Propaganda aufzulehnen.« (S. 48)

5. »Gezeigt werden soll auch, wie es für den Durchschnittsmenschen möglich ist, sich Schritt für Schritt in eine immer größere Wirklichkeitsfälschung und Abstumpfung hineinleiten zu lassen. Sowohl für den Durchschnitts-Gefangenen war es möglich, das, was wir heute von unsrer Normalität aus das ›Unfaßbare‹ nennen, als das Normale zu betrachten, als es auch für den Durchschnitts-Bewacher möglich war, seinen menschlichen Maßstab zu verlieren und im Töten das Alltägliche zu sehen.

   Und hier muß das Stück offen bleiben. [...] Der Werdegang dieser Menschentypen ist noch nicht beendet. [...] Die Technik der Menschenvernichtung geht weiter.« (S. 48f.)

6. »Das Problem der Mitschuld. Für mich ist die vor allem die Schuld der Unwissenheit. [...] Das Gefühl der Mitschuld bleibt dunkel, solange es nur nach psychologischen und philoso-

phischen Erklärungen sucht. Die greifbaren Erklärungen spielen sich im Bereich der Ökonomie ab. Harald Ofstad hat selbst darauf hingewiesen: es handelt sich um die Eigentumsverhältnisse an den Produktionsmitteln. Nur hier werden sich einmal die Änderungen erreichen lassen, die die Bedrohung aufheben, unter der wir leben.« (S. 49f.)

4.2 Das Stück, der Prozeß und die Prozeßmaterialien

Es gehe, so Weiss, bei der Aufführung dieses Stückes nicht darum,

»den Gerichtshof, vor dem die Verhandlungen über das Lager geführt wurden, zu rekonstruieren. Eine solche Rekonstruktion erscheint dem Schreiber des Dramas ebenso unmöglich, wie es die Darstellung des Lagers auf der Bühne wäre. Hunderte von Zeugen traten vor dem Gericht auf. Die Gegenüberstellung von Zeugen und Angeklagten, sowie die Reden und Gegenreden, waren von emotionalen Kräften überladen. Von all dem kann auf der Bühne nur ein Konzentrat der Aussage übrig bleiben.« (Ermittlung, S. 7)

Auf der Erstellung dieses Konzentrats, auf der Verdichtung, Auswahl, Montage, sprachlichen und stilistischen Bearbeitung des Prozeßmaterials, beruht die künstlerische Leistung des Autors.

Eine reine Dokumentation liefert Weiss also keineswegs. Weder das Lager Auschwitz noch der Prozeß in Frankfurt ließen sich ohne Wirklichkeitsverlust auf die Bühne bringen. Nicht rekonstruierbar ist die Atmosphäre des Lagers oder des Verhandlungsraumes, die Angst und Verzweiflung der Häftlinge im Lager, die Angst und Beklemmung der Zeugen im Prozeßsaal, die Miene eines Boger, wenn er in Auschwitz eines seiner Opfer quält, oder wenn er in Frankfurt der Aussage eines Zeugen folgt.

»Vermessenheit« wäre es, so der Autor, solches überhaupt zu versuchen (vgl. Girnus/Mittenzwei 1965, S. 687). Entsprechend heißt es in den *Notizen*: »Die Bühne des dokumentarischen Theaters zeigt nicht mehr augenblickliche Wirklichkeit, sondern das Abbild von einem Stück Wirklichkeit, herausgerissen aus der lebendigen Kontinuität.« (S. 95)

Da im Gegensatz zur angelsächsischen Rechtspraxis die deutsche Strafprozeßordnung kein wörtliches Protokoll kennt, sondern nur eine sinngemäße Wiedergabe des Verhandlungsverlaufs mit der Möglichkeit, bestimmte Aussagen wörtlich zu protokollieren, z.B. auf Antrag eines Prozeßbeteiligten, konnte Weiss sich auch nicht auf derartige amtliche Wortprotokolle stützen.

Nur angemerkt sei hier, daß sich als Konsequenz daraus verschiedene Falschschreibungen von Namen ins Stück einschleichen konnten (vgl. Wort- und Sachkommentar), was allerdings für die Zielstellung des Dramas belanglos, wenn nicht gar der gewollten Verallgemeinerung dienlich ist.

Aus praktischen Gründen war es auch unmöglich, die 18000 Aktenseiten des Verfahrens auf die Bühne zu bringen. Weiss verwendete daher seine eigenen Protokollnotizen unter Hinzuziehung der schon erwähnten Berichte und Gedächtnisprotokolle Bernd Naumanns.

In seinem Stück folgt Weiss jedoch weder chronologisch dem Prozeßablauf wie Naumann, noch stimmt er mit dem Prinzip H. Langbeins überein, der die Dokumente nach Sachgebieten und Personen ordnete. (Zu dem Verfahren Weiss' vgl. Kapitel 3, Struktur des Textes).

Die »kritische Auswahl« des authentischen Materials und »das Prinzip, nach dem die Ausschnitte der Realität montiert werden, ergeben die Qualität der dokumentarischen Dramatik« (Notizen, S. 92). Wie dieses geschieht, das ist Sache des Autors. Der Historiker Naumann machte Weiss daraufhin den Vorwurf, seine Materialien verfälscht zu haben, und hielt ihm Verwechslungen, Ergänzungen, Verwandlung von Kommentar in direkte Rede und ähnliches vor (vgl. J. Kaiser, Eine kleine Zukunft. In: Akzente, H. 3/1966, S. 216).

Damit rührte er an ein prinzipielles Problem des dokumentarischen Theaters. Denn dieses will eben nicht nur Dokumente, wie sie die Realität liefert, unbearbeitet auf die Bühne bringen, will nicht – bezogen auf die *Ermittlung* – »entscheidungslos [...] die grellen Bilder einzelner Greueltaten« aneinanderreihen (R. Baumgart, zit. nach Hartmann 1981, S. 165), sondern es will die in den Dokumenten enthaltenen Widersprüche durch die Montage dem Zuschauer offenlegen.

Naumann, der in seiner Dokumentation übrigens auch vieles aus der direkten in die einem flüssigen Bericht angemessenere indirekte Rede überträgt, ignoriert mit seinem Einwand, »daß gerade an der ästhetisch markierten Grenze zwischen Drama und Prozeß Betroffenheit und Engagement des Schriftstellers dingfest zu machen sind« (Hartmann 1981, S. 165). In diesem Zusammenhang scheint mir Vormwegs lapidare Bemerkung: »Ob Zeitungsbericht, ob die Formulierungen von Peter Weiss, das ist nur ein gradueller Unterschied« (Vormweg 1965, S. 1097), völlig daneben zu zielen.

Zur Konkretisierung der Vorwürfe Naumanns möge folgendes Beispiel aus der *Ermittlung* genügen.

Was die Zeugen 1 und 2 aussprechen – beide wechseln im Stück je einmal ihre Identität –, sind gebündelte Aussagen einer Reihe von Zeugen des wirklichen Prozesses. Kombinierte Figuren sind auch die Zeugen 3 bis 9, die sagen, was in Frankfurt von vielen verschiedenen Personen geäußert wurde. Sie sprechen z.T. auch manches aus, was nicht im Prozeß gesagt, aber in anderen Quellen verzeichnet wurde. Laut Weiss hat sich beispielsweise im Text des Zeugen 3 »auch Material aus theoretischer Literatur, aus Hannah Arendt, aus dem Gutachten von Broszat« niedergeschlagen (lt. Der Spiegel 43/1965, S. 164). Weitere Hinweise zur benutzten Literatur gibt Weiss in der Nachbemerkung zur *Ermittlung*.

Kaum Ergänzungen haben die Aussagen der anderen Prozeßbeteiligten erfahren. Vor allem die Angeklagten sprechen tatsächlich nur das aus, was sie im Prozeß oder in der Voruntersuchung gesagt haben. »Die Zitate sind alle sinngetreu. [...] Keineswegs kann einer, der die Dokumente kennt, Weiss den Vorwurf der Übertreibung machen. Viele grauenhafte Beschuldigungen und Tatsachen hat er ausgelassen, z.B. die Auswertung der Leichen betreffend.« (Salloch 1972, S. 92f.) Auch die »Fragen des Richters sind fast alle wörtlich zitiert« (ebd., S. 109).

Ein Blick auf die Zahl der ›handelnden‹ Figuren zeigt, daß auch hier, im Vergleich zum realen Prozeßgeschehen, eine starke Beschränkung erfolgte.

So hat Weiss die tatsächliche Anzahl der Zeugen (etwa 400), Angeklagten (22) und Gerichtsvertreter, das sind Verteidiger (etwa 20), Ankläger (7, einschließlich Nebenkläger) und Richter (5, einschließlich Ersatzrichter, Beisitzer, aber ohne Geschworene), erheblich reduziert.

Im Stück begegnen uns nur noch 3 Vertreter des Gerichts (je 1 Richter, Ankläger, Verteidiger), 9 Zeugen und 18 Angeklagte. Diese Reduzierung erfolgt aus praktisch-kompositorischen Gründen. Entsprechend der Aufspaltung der 11 Gesänge in jeweils drei Teile, sind auch die drei Gruppen der ›handelnden‹ Personen jeweils durch drei teilbar:

»Das uralte Verfahren, gerade bei den größten, auch den entsetzlichsten Stoffen strikte Formalisierungen vorzunehmen, wiederholt sich bei Weiss.« (Rischbieter 1967, S. 69) Dem Prinzip des dokumentarischen Theaters folgend, das »Beispielhafte« zu zeigen, arbeitet Weiss auch in der *Ermittlung* »nicht mit Bühnencharakteren und Milieuzeichnungen, sondern mit Gruppen, Kraftfeldern, Tendenzen« (Notizen, S. 99). Die damit verbundene Nicht-Individualisierung wird ziemlich konsequent durchgehalten.

Die Zeugen

»Die persönlichen Erlebnisse und Konfrontationen müssen einer Anonymität weichen. Indem die Zeugen im Drama ihre Namen verlieren, werden sie zu bloßen Sprachrohren. Die 9 Zeugen referieren nur, was hunderte ausdrückten.« (Weiss, Anmerkung zur *Ermittlung*, S. 7) Wie oben schon gesagt, ist die Gruppe der Zeugen zweigeteilt, nämlich in jene Zeugen der Verteidigung (Zeuge 1 und 2), die »auf Seiten der Lagerverwaltung standen« (ebd.), und jene (Zeuge 3–9), die zu den Opfern gehörten. Der Zeuge 3 spielt eine Sonderrolle, da er, über die Prozeßdokumente und über privates Empfinden hinausgehend, politisch-ideologische »Maximen des Autors« (Jens 1970, S. 92) vertritt.

Die Angeklagten

Die Angeklagten stellen authentische Personen dar, wie sie auch im Prozeß auftraten. Weiss begründet dies damit, daß »sie ja auch während der Zeit, die zur Verhandlung steht, ihre Namen trugen, während die Häftlinge ihre Namen verloren hatten« (Weiss, Anmerkung zur *Ermittlung*, S. 8).
Hier bemerkt Haiduk eine Inkonsequenz des Autors insofern, als er die Zeugen 1 und 2 namenlos läßt, obwohl sie auch aktive, nicht anonyme, Betriebsteile in der Mordmaschinerie waren (vgl. Haiduk 1977, S. 141).
Weiss möchte die Angeklagten damit aber nicht individualisieren. Sie »leihen« ihm »nur ihre Namen, die hier als Symbol stehen für ein System, das viele andere schuldig werden ließ, die vor diesem Gericht nie erschienen« (Anmerkung zur *Ermittlung*, S. 8). Auch sie sollen folglich »nicht im Gegensatz zur Überhöhung und Stilisierung des Werkes« (Haiduk 1977, S. 141) stehen. Beispielsweise ist der Angeklagte 3, im Stück als Dr. Capesius benannt, eigentlich auch nur eine dramatische Kunstfigur, ist nicht *der* Capesius, sondern einer, der die Worte des in Frankfurt angeklagten Capesius zitiert (vgl. dazu Salloch 1972, S. 91f.).
Dennoch gibt es gerade bei den Angeklagten-Figuren partielle Individualisierungen, z.B. durch Unterschiede in den sprachlichen Ausdrucksmöglichkeiten. Darüberhinaus gewinnt der Angeklagte Stark durch die breitere Hintergrundinformation über sein Leben stärkere Konturen.

Die Verteidigung

Der auftretende Verteidiger – der ›unangenehmste, undankbarste, widerlichste Part‹ des Dramas (Hübner 1965, S. 418) – verkörpert die Gesamtheit der Verteidigung im Prozeß. Rezensent J. Kaisers Vorwurf gegen Weiss, er habe den Verteidiger als »Rechtsstaatsbarbar« verzeichnet, begegnete der damalige Generalstaatsanwalt Bauer mit der Feststellung: »Hier täuschen Sie sich – der ist sicher idealtypisch« (zit. nach Salloch 1972, S. 110).

Der Ankläger

Der Ankläger verkörpert die gesamte Staatsanwaltschaft und die Nebenkläger. Einer der drei Nebenkläger war der DDR-Anwalt Prof. Friedrich Kaul, dessen Worte Weiss zum Teil der Figur des Anklägers in den Mund gelegt hat. Weiss wurde deshalb heftig attackiert. Manche sprachen von einseitiger ideologischer Ausrichtung des Anklägers (vgl. G. Rühle in der FAZ vom 21.10.65 und Otto F. Best 1971, S. 141f.). Daß Weiss beim Ankläger bestimmte Akzente setzen wollte, bestätigt auch der DDR-Wissenschaftler Haiduk: »So fällt auf, daß nicht selten – und vor allem an prononcierten Stellen – der Nebenkläger Kaul im Oratorium zitiert wird.« (Haiduk 1977, S. 142)

Der Richter

Der Richter verkörpert die Gesamtheit der Prozeßleitung. Auch er ist nicht individualisiert. Als Gesprächsleiter spricht er zwar die meisten Verse im Stück, hat aber sonst keine spezifische Bedeutung.

Lili Tofler

Sie gehört nicht zu den auf der Bühne auftretenden Figuren, ist aber durch die Schilderung der Zeugen der Anonymität der Millionen Toten entrissen. Sie ist, wenn man es so ausdrücken darf, der ›individuelle Held‹ des Stückes (vgl. Mennemeier 1975, S. 217), ist »in gewisser Weise eine Märtyrerin«, weil sie sich weigerte, einen Mithäftling zu denunzieren, und deshalb umgebracht wurde (Wolffheim 1980, S. 321).

4.3 Sprache und Stil

Das dokumentarische Theater könne zum »Instrument politischer Meinungsbildung« werden, wenn es den »erfahrenen Wirklichkeitsstoff zum künstlerischen Mittel« umfunktioniere. Auch dieses Theater könne nicht auf »künstlerische Leistung« verzichten, es müsse »zum Kunstprodukt werden, wenn es Berechtigung haben« wolle. (Notizen, S. 96) Ansonsten, so Weiss, »wäre die praktische politische Handlung in der Außenwelt effektiver« (ebd.).

Mit diesem Postulat legitimiert Weiss nicht nur die Konzentrierung und Montage des greifbaren dokumentarischen Materials, sondern auch dessen sprachlich-stilistische Bearbeitung, soweit solche den Zielen dieses Theaters dienlich und dem Stoff angemessen ist.

Weiss' Eingriffe in das Wortmaterial nannten die einen »wohlabgewogen« und »vorbildlich« (so Hädecke 1966, S. 165), andere hingegen meinten, daß »alle künstlerischen Maßnahmen [...], gemessen an dem, was sie mitzuteilen hatten, zu Hohn« geworden wären (so Kesting 1969, S. 338). Derart negative Urteile sind allerdings nicht zahlreich.

War im *Marat/Sade*-Drama die exzessive Nutzung theatralischer Ausdrucksmöglichkeiten und -mittel besonders auffällig, so ist das Auschwitz-Stück im Gegensatz dazu durch die strenge Reduzierung aller Darstellungsmittel gekennzeichnet. »Hier ist die Szenenfassung völlig auf das Wort gestellt und fast statisch; alles liegt nur im Dialog und das Wort muß so stark wirken, daß im Zusammenprall von Worten, von Frage und Antwort, die ganze Dramatik liegen muß.« (Weiss, in: Girnus/Mittenzwei 1965, S. 687)

Die Vorrangstellung des Wortes wird schon augenscheinlich, wenn man einen Blick in das Textbuch wirft. Da fehlt jegliche Interpunktion, die doch nur ablenken könnte. Ein endloser Strom von Worten und Zahlen macht deutlich, »daß der Autor keine Emphatik wünscht« (Schöfer 1966, S. 58).

Nur gelegentlich findet man Unterbrechungen durch Regieanweisungen, wie durch Zufall genau achtzehnmal. Nur eine davon bezieht sich auf eine Zeugin (»zeigt auf die Angeklagten«, S. 126), alle anderen gelten den Angeklagten, davon viermal einzelnen von ihnen. Der eine »nickt der Zeugin freundlich zu« (S. 29), der andere »grinst den Zeugen an« (S. 41), der dritte »begrüßt die Zeugin freundlich« (S. 51) und der vierte »nickt dem Zeugen wohlwollend zu« (S. 156). Sie sind guter Dinge, auch jetzt. Die Leidenden von damals aber sind reglos, verschüchtert, sind immer noch Opfer.

Die restlichen dreizehn Regieanweisungen unterstreichen diese Rollenverteilung. Alle Angeklagten »äußern ihre Empörung«, kollektiv äußern sie laut ihre Zustimmung, und vor allem lachen sie. Dieses »Lachen der Angeklagten« steht »dem Schmerz der Zeugen« gegenüber (Salloch 1972, S. 138).

Das chorische Höllengelächter, wie dieses Stilmittel bisweilen in der Presse bezeichnet wurde, wirkt zynisch und drohend zugleich, wirkt wie der Schlußsatz von *Meine Ortschaft*, dramatisiert: »es ist noch nicht zuende« (S. 124).

Dem Chor der Angeklagten unter Führung des Verteidigers steht als Gegengewicht der Chor der Zeugen der Anklage gegenüber »mit dem Ankläger als Chorführer, wobei hier Chor als additives Organ gleichgesinnter einzelner zu verstehen ist« (Haiduk 1977, S. 137).

Die von Weiss gewünschte Nicht-Individualisierung, die die sparsamen Regieanweisungen bekräftigen, beobachteten manche Theaterkritiker mit großer Sensibilität:

»Als ›Verzerrung‹ wurde von einzelnen Kritikern bereits empfunden, wenn Darsteller ihrer Rolle bestimmte individuelle Züge zu geben versuchten. Jede Überschreitung des minimalen Limits an Gesten und Mimik wurde als ›Posieren‹, als ›Chargieren‹, als ›naturalistische Extravaganz‹, ja auch als ›Ausbruch ins Psychologisieren‹ gewertet. [...] Diese besondere Empfindlichkeit begründet sich letzten Endes daher, daß niemand sich von den Darstellern vor-spielen (also vorwegnehmen) lassen will, was er selber angesichts der berichteten Fakten durchleben muß.« (Wolffheim 1980, S. 323)

Die meisten Inszenierungen und Lesungen betonten jedoch die vom Autor gewünschte Tendenz der Darstellung durch gleichförmige Kleidung, öde Bühnenbilder (z.B. Lageplan des KZ-Lagers Auschwitz oder Bildwand mit den Porträts der Angeklagten als einzige Dekoration; oft noch kahler), emotionslose Darstellung und nüchternes Sprechen der Weiss'schen Verse.

Weiss hat die Sprache der Dokumente vorsichtig geglättet und rhythmisiert, hat pointierende Zäsuren gesetzt. Für Schöfer ist »die sprachliche Form der Aussagen [...] in einer Weise gesintert, die den Dialogen der *Ermittlung*, ohne Vokabular und Syntax der deutschen Umgangssprache zu verlassen, etwas eindrücklich Statuarisches, eine Art heilige Nüchternheit verleiht« (Schöfer 1966, S. 59).

Im folgenden zwei Beispiele, die nicht nur für die sinngetreue Übernahme des Dokumentenmaterials stehen, sondern auch für die Art der künstlerischen Bearbeitung.

1. Dokument: ein Zeugenbericht (in: Naumann 1965, S. 326)

»an einem Herbsttag 1943 sah ich ganz früh im Hof an der Wand von Block 11 – nicht an der Schwarzen Wand – ganz allein ein kleines Mädchen stehen. Es hatte so ein bordeauxrotes Kleidchen an und einen kleinen Zopf. Die Händchen hielt es an der Seite, wie ein Soldat. Es schaute auch einmal an sich herunter und wischte sich den Staub von den Schuhen. Dann stand es wieder ganz still da.«

Die gleiche Stelle hat im »Gesang von der Schwarzen Wand«, Aussage des Zeugen 7, folgenden Wortlaut (S. 118):

»Im Herbst 1943 / sah ich ganz früh morgens im Hof von Block Elf / ein kleines Mädchen / Es hatte ein rotes Kleid an / und trug einen Zopf / Es stand alleine und hielt die Hände/ an der Seite / wie ein Soldat / Einmal bückte es sich / und wischte den Staub von den Schuhen / dann stand es wieder still«

Bemerkenswert sind die relativ kurzen Sätze mit ihrem klaren, überschaubaren Satzbau. Man entdeckt Weglassungen redundanter Wörter (z.B. »ganz«, »da«,

»so«), kleine Hinzufügungen und Umstellungen. Alles geschieht zum Zwecke besserer Rhythmisierung und zum Zweck einer Präzisierung durch erhöhte Sachlichkeit. So wird das Adjektiv »bordeauxrot« zum allgemeineren »rot«, die Verniedlichungen »Kleidchen« und »Händchen« werden durch die emotionsloseren Wörter »Kleid« und »Hände« ersetzt.

Aber gerade wegen dieser Nüchternheit wirken die Sätze um so intensiver, besonders dann, wenn sie so skandiert werden, wie die Zäsuren gesetzt sind. Im obigen Beispiel, das ja nicht untypisch für das Stück ist, wird der emotionale Druck auf den Zuschauer/Zuhörer noch verstärkt durch das, was in den nächsten Verszeilen ausgesprochen wird. Die scheinbar ruhige Situation verändert sich dramatisch, denn jetzt kommt Boger: »Er hielt das Gewehr / hinter seinem Rücken versteckt / Er nahm das Kind an der Hand / es ging ganz brav mit / und ließ sich mit dem Gesicht / gegen die Schwarze Wand stellen« (S. 118).

Präzisierung von Details und Vereinfachung der Syntax sind auch im folgenden Beispiel wichtige Merkmale der künstlerischen Bearbeitung durch den Autor.

2. *Dokument:* Aussage des Zeugen Dr. Glowacki (zit. nach Langbein 1965, Bd. 2, S. 713)

»Ein Fall ist mir besonders im Gedächtnis geblieben: Im Waschraum setzte sich ein großer starker Mann auf, der vorher die Giftinjektion erhalten hatte. Links vom Eingang stand ein Kessel, und daneben war eine Bank. Mit großer Mühe setzte sich dieser Mann auf die Bank; da kam Klehr und gab ihm eine zweite Herzspritze.«

Diese Stelle hat im »Gesang vom Phenol«, Aussage des Zeugen 6, folgenden Wortlaut (S. 142):

»Ich erinnere mich an einen Mann / der war groß und stark gebaut / Er richtete sich im Waschraum auf / mit der Injektion im Herzen / Ich erinnere mich deutlich wie es war / Da stand ein Kessel / und neben dem Kessel war eine Bank / Der Mann sützte sich auf den Kessel / und auf die Bank / und zog sich hoch / Da kam Klehr herein / und gab ihm die zweite Spritze«

Es scheint fast so, als gebrauche Weiss hier seine filmischen Erfahrungen, denn durch die gleichförmige Aneinanderreihung der Bildausschnitte dringen die Sätze mit jener Intensität auf den Zuhörer ein, wie sie optisch bei Zeitlupenaufnahmen erlebbar ist.

Zur Verstärkung dieses Effekts benutzt Weiss gelegentlich die Anapher als zusätzliches Kunstmittel. So in der Aussage der Zeugin 5, wo es um die ›Normalität‹ des Lagerlebens geht. Siebenmal hintereinander heißt es dort: »Es war das Normale«, »normal war«, »es war normal« ... (S. 34). Oder in der Aussage der Zeugin 6 zum ersten Morgenappell auf dem Lagerplatz: »standen wir«, «Wir standen stundenlang«, »doch wir standen nur da« (S. 35).

Mit der nüchternen, kühl-distanzierten und Distanz schaffenden Präzision der Zeugenaussagen – fast ohne Metaphorik und Sentimentalität – soll ihre Wahrhaftigkeit unterstrichen und der Vorwurf entkräftet werden, daß die Zeugen die faktischen Vorgänge in Auschwitz durch verständliche emotionale Ausbrüche verfälscht dargestellt hätten.

»In dieser Absicht läßt der Verfasser bei ihnen keine individuellen Ausdrucksformen, Dialektfärbungen oder unterschiedliche Tonlagen anklingen. [...] Anders die Sprache der Angeklagten: In ihr finden sich Emotionen und Ausbrüche ebenso wie umgangssprachliche Wendungen. Vor allem aber benutzen sie in ihren Aussagen im Zusammenhang mit ihrer Tätigkeit in Auschwitz die ihnen dort geläufig gewesene Terminologie ihrer ehemaligen Mörderkumpanei.« (Motekat 1977, S. 81)

Die Sprachwirklichkeit der Angeklagten ist die Wirklichkeit ihrer Gedanken, ihres Denkens. Wie die Angeklagten im realen Prozeß nicht kritischen Abstand gewonnen hatten zu der Welt der Gewalt, der Unmenschlichkeit, wie sie ungebrochen in ihr und mit ihr lebten, das gibt die *Ermittlung* weitgehend unverfälscht wieder. Da benutzen sie einerseits das offizielle Vokabular des NS-Staates. Dieses war die Terminologie, mit der bewußt Verbrechen beschönigt und Untaten verschleiert wurden. Wie »Endlösung« der Judenfrage nichts anderes hieß als »Ausrottung« der Juden, so bedeutet »verschärfte Vernehmung« (S. 60) Folter, »Sonderbehandlung« (S. 130) eine spezielle Form des Tötens, »Abgänge« (S. 72) sind Tote, »überstellte Häftlinge« (S. 101) solche, die sofort zu töten sind. Entsprechend auch die Sprachregelung bei der Angabe der Todesursachen (vgl. S. 53).

Andererseits gab es den Lagerjargon. Der Lagerjargon war im Frankfurter Gerichtssaal allgegenwärtig, selbst die früheren Opfer verfielen gelegentlich in ihn. »Anfangs wehrte sich der Vorsitzende [...]: ›Sprechen Sie nicht vom Spritzen, sagen Sie doch, tödliche Giftinjektionen ins Herz.‹ Bald mußte er kapitulieren. ›Selektieren‹ und ›Schwarze Wand‹ wurden klare Begriffe« (Langbein 1965, Bd. 1, S. 40). Da foltert Boger auf »Schaukel« und »Sprechmaschine« (S. 55), und da gibt es das »Mützenschießen« (S. 49).

Klehr hatte »Abspritzungen zu überwachen« (S. 127); Menschen wurden von ihm »abgeimpft« (S. 137); sie werden als »Stück« (S. 104) gezählt; nach einer Stunde konnte in den Krematorien »ein neuer Schub gefaßt werden« (S. 176); »Bei Überbelegung des Lagers / hatten die Transporte / geschlossen abzugehn« (S. 17); »Die kamen ins Gas« (ebd.).

Da ist die Rede von der »Wiederherstellung« (S. 68) angeschossener Häftlinge und vom »natürlichen Abgang« (S. 73), da werden »Aussonderungen / zwischen den Arztvorstellern verbucht« (S. 129).

»Es ist diese Sprache einer verwalteten Welt und eines instrumentalisierten Bewußtseins, die schlagartig erhellt, wie mühelos eine Haltung, die über Menschen wie über Dinge verfügt, einem System assimilierbar war, dessen hierarchisch-autoritäre Struktur dazu aufforderte, Verantwortung an übergeordnete Instanzen – an die ›Führer‹ – zu delegieren« (Hartmann 1981, S. 169).

Schon an anderer Stelle (Kap. 4.1 b) haben wir sprachliche Beispiele zitiert, mit denen von den Angeklagten Schuld oder Mitschuld abgewiesen wurde. Genannt werden muß auch jene stereotype »ich hatte zu...«-Konstruktion, mit der jede Verantwortung auf einen Übergeordneten abgeschoben wurde: »hatte [...] zu verwahren« (S. 16), »hatte [...] zu ordnen« (S. 20), »hatte [...] durchzuführen« (S. 59), »hatte [...] bereitzuhalten« (S. 99) usw.

Ist dieses Vokabular, dieser Sprachgestus, durchaus typisch für alle Angeklagten – vielleicht mit Ausnahme Mulkas –, so gibt es doch charakterisierende Abstufungen zwischen ihnen. In der *Ermittlung* wie im realen Prozeß kommen Mulkas »schwulstige Art« (Langbein 1965, Bd. 1, S. 17) zum Ausdruck (z.B. »Alle meine Einlassungen / entsprechen der Wahrheit« [Ermittlung, S. 165]), und auch Bogers nicht weniger überspannte Formulierungen (z.B. »Mir ist von diesem Vorfall erinnerlich«, S. 69).

Auch Kaduks und Klehrs eigenwillige, z.T. primitiv-schamlose Ausdrucksweise wird sichtbar.

Klehr: »Da biegen sich ja die dicksten Eichenbalken / 16000 soll ich abgespritzt haben [...] Da wäre ja nur noch der Musikzug übriggeblieben« (S. 132). Oder Kaduk: »Scharf war ich« (S. 42); »Da habe ich aufgepaßt wie ein Luchs« (ebd.). Und schließlich der unglaubliche bildhafte Vergleich: »Die Transporte kamen an / wie warme Brötchen« (S. 43).

Sprachlich etwas weniger prägnant sind die anderen Angeklagten charakterisiert. Zwischen den beiden Gruppen (= Chören), den Angeklagten und Zeugen der Anklage, gibt es keinen eigentlichen Dialog. Ihre Sprache ist zu verschieden. Sie stehen sich gegenüber als These und Antithese, nur verbunden durch Fragen des Richters, des Anklägers, des Verteidigers. Wenn die Angeklagten auf die Zeugen direkt reagieren, dann gewöhnlich nur in wütenden Protesten mit Blick auf den Richter: »Diese Beschuldigungen sind frei erfunden« (S. 40), oder »Lüge Lüge« (S. 43). Im Zusammenprall der Worte werden die gesellschaftlichen Widersprüche und Konflikte deutlich. Die Dramatik, das Unversöhnliche, ergibt sich aus dem ›Dialog‹ zweier Monologe.

Fast fünfzehn Jahre nach seiner Verurteilung wurde Josef Klehr im Zuchthaus von einem Journalisten interviewt. Er verteidigte unverändert die Phenol-Injektionen an Häftlingen, weil sie humaner gewesen seien als die Gaskammer. Der Journalist fragte dann: »Haben Sie etwas, was Sie von sich aus noch sagen möchten?« Darauf antwortete Klehr: »Ja, wissen Sie, was ich von mir aus sagen möchte? Ich möchte sagen, daß dem Gericht müßte man Bescheid sagen, was mit den falschen Aussagen bei unserem Prozeß vorgefallen ist. Ich kann das nicht verstehen, daß man so verschaukelt wird, das kann ich nicht verstehen!« (Demant 1979, S. 128)

5 Dokumente zur Rezeptionsgeschichte in Literaturwissenschaft und literarischer Öffentlichkeit

Selten wohl hat ein Theaterstück bereits Wochen vor seiner Uraufführung eine derart überwältigende Resonanz gefunden wie Peter Weiss' *Ermittlung*. Das lag natürlich teilweise an der außergewöhnlichen Ankündigung, daß die Uraufführung an mehr als einem Dutzend deutschsprachiger Bühnen gleichzeitig stattfinden sollte, das lag zum anderen Teil am Stoff, das lag aber vor allem an der Verknüpfung dieses Stoffes mit der gesellschaftlichen Gegenwart. Eine in der Tages- und Wochenpresse begonnene, z.T. sehr kontroverse Debatte um das Weiss-Drama hielt auch nach den ersten Vorstellungen unvermindert an und fand später in Zeitschriften und wissenschaftlichen Arbeiten entsprechenden Niederschlag. In der Hauptsache ging es dabei um ein Problem, das im Zusammenhang mit anderen Theaterstücken normalerweise nicht aufgeworfen wird, um die Frage nämlich, ob dieser Stoff, Auschwitz, überhaupt auf die Bühne gebracht werden dürfe. Daran schloß sich nicht selten eine zweite Frage an, ob es legitim sei, inhaltlich und formal so zu verfahren, wie es Weiss getan habe. Da mit ihr häufig die Unterstellung verbunden war, Weiss habe den Auschwitz-Stoff nur als Vehikel benutzt, um politische Propaganda zu betreiben, führte diese Frage bisweilen zu ideologischen Kontroversen in der Bundesrepublik selbst und zwischen der Bundesrepublik und der DDR.

Joachim Kaiser: Plädoyer gegen das Theater-Auschwitz

»Der gute Wille ist grenzenlos; und die Lust an der Wiedergutmachungssensation scheint zumindest nicht klein zu sein. Denn mindestens dreizehn deutschsprachige Bühnen haben sich (bis zur Stunde, die Zahl vergrößert sich) entschlossen, am 19. Oktober [...] das Auschwitzer-Oratorium von Peter Weiss gleichzeitig uraufzuführen. Szenische Lesungen an vielen, vielen Bühnen werden folgen. Sämtliche deutschen Rundfunksender wollen den Text von Peter Weiss senden. [...]

Angesichts dieser einzigartigen theatralischen Wiedergutmachungs- und Aufklärungsaktion, die von unendlichem gutem Willen und wohl auch von der Angst zeugt, sich durch eine Weigerung scheußlichen Verdächtigungen auszusetzen, kann man frohlocken – aber auch tief erschrecken. [...]

Ich muß Mißverständnisse abwehren. Im folgenden wird keineswegs darüber nachgedacht, ob die großen Kriegsverbrecher- und KZ-Prozesse sein sollen oder nicht sein sollen, ob sie die deutsche Öffentlichkeit wünschenswert oder nachteilig beeinflussen. [...]

Wir untersuchen hier auch nicht, ob etwa ein Überdruß herrscht gegen das Thema Auschwitz, ob die Nation von ihrem dunkelsten Kapitel zu wenig weiß, vielleicht weil sie zu oft und zu pädagogisch mit diesem Kapitel bekanntgemacht wurde. Ohne Frage ist da noch nicht Hinreichendes geschehen. [...]

Nur um die eine Frage, die die deutschen Intendanten so einmütig beantworteten, geht es mir: *Kann sich die Bühne eine Auschwitz-Dokumentation leisten?* Wird da nicht der unselige, aber typisch deutsche Versuch gemacht, auf dem Theater Ersatzentscheidungen herbeizuführen, während man sich um reale Sinnesänderungen herumdrückt? Ist die Uraufführungsorgie nicht ihrerseits sogar ein Zeichen von Beflissenheit, Trägheit und falschem Eifer? [...]

Wird auf dem Theater der ›König Lear‹, der ›Faust I‹ oder Kipphardts Oppenheimer-Darbietung mißverstanden, dann kann das Publikum protestieren, die Kritik kritisieren. Jeder darf sagen, das gefällt mir nicht [...]. Die ›Ermittlung‹ aber, obwohl für die Bühne hergerichtet, erlaubt solche Reaktionen nicht. Daß da jemand sagt, ich finde, Kaduk spricht zu schlecht, das Ende der Lili Tofler hätte vom Bühnenbild her besser gelöst werden müssen und die Bunkersachen sollte man streichen – das wäre reine Schamlosigkeit. Lili Tofler starb so, auch wenn viele es nicht*wahrhaben* wollen. Das Publikum muß den Fakten parieren. Es hat keine Freiheit, weil sich der Autor keine Freiheit nahm. Und während sogar die guten ›Dokumentationsstücke‹ des modernen Theaters dem Zuschauer eine Alternative bieten, ein Problem, eine Mitdenk-Freiheit, muß der Parkettbesucher sich in der ›Ermittlung‹ ducken unter der Gewalt des Faktischen. Er wird um genau jene Freiheit betrogen, die Bühne und Kunst versprechen. Es ist, als solle das Theater mit untauglichen Mitteln jene Erziehung leisten, die die tauglichen Mittel, wie viele Gutwillige meinen, nicht zu bewirken vermochten.

[...] Wenn nun im Theater die Folterbeschreibungen sich in Kitzel verwandeln, wenn gar einige Zuschauer Mitleid empfinden mit den Angeklagten, die sich auf Befehlsnotstand herausreden, wenn sie ein paar erregende Szenen gleichsam herausbrechen und sich um den Gesamtzusammenhang nicht kümmern, wäre dann nicht ein moralisches Unglück geschehen? Zur Freiheit eines Kunstwerks gehört auch, daß es mißverstanden werden kann. Über Anouilhs Deutung der durchaus realen ›Heiligen Johanna‹ darf man herfallen. Auschwitz hingegen sprengt den Theaterrahmen, ist unter ästhetischen Bühnenvoraussetzungen schlechthin nicht konsumierbar. [...]

Wenn Kunst ihre eigentümliche Macht in Bewegung setzen soll, muß sich ein Künstler stellen, müssen Freiheit, Auffassung und Gestaltung mit dabei sein. Vertreten indessen blutige Dokumente die Darstellung, dann wird die Wahrheit nicht gefördert, das Gewissen falsch aufgerührt und falsch beschwichtigt. Dann geschieht der Bühne Gewalt, moralische Entscheidungen sind zu ästhetischen Erlebnissen verharmlost, und den Opfern hat keiner geholfen.«

(Süddeutsche Zeitung, 4./5.9.1965)

Hellmuth Karasek: Auschwitz auf dem Theater?

»[...] Im Prozeß, in der ›Ermittlung‹ entsteht das Lager noch einmal; nicht Auschwitz wird auf die Bühne gebracht, was ganz und gar unerträglich wäre: man denke, ein Auschwitz von Bühnenbildnern ›künstlerisch‹ in Versatzstücken und bemalten Kulissen nachempfunden! Statt dessen wird Auschwitz nur so weit ›lebendig‹, wenn dieses hilflose Wort gegenüber der grauenhaftesten Todesfabrik gestattet sein mag, wie es das während des Prozesses wurde. Trotzdem wird dieser Prozeß am 19. Oktober, wir mögen es wahrhaben wollen oder nicht, ›gespielt‹ werden – und nichts anderes. Das Unbehagen darüber hat Siegfried Melchinger in seinem Beitrag formuliert: der Prozeß droht in Spielplänen aufzutauchen, die sonst etwas Heiteres von Shaw, etwas Leichtes von Molière spielen, am nächsten Tag vielleicht die ›Lustige Witwe« auf dem Spielplan haben.

Dagegen plädiert Melchinger dafür, daß man das Stück außerhalb des normalen Spielplans in Sälen aufführen, daß man es aus dem ›Theaterbetrieb‹ herausnehmen solle, daß die Schauspieler in Privatanzügen auf die Bühne kommen, ohne sich in der Garderobe zurechtzumachen. [...] Trotzdem fürchte ich mich fast ebenso vor der programmierten Schlichtheit. Daß an den Abenden, wo die ›Ermittlung‹ auf dem Theaterzettel steht, gespielt wird, ist nicht zu vermeiden – und der schlichte Straßenanzug bleibt, wenn er auf die Bühne gebracht wird, nicht der schlichte Straßenanzug: er wird genauso wie jedes andere Kostüm zur Theaterverkleidung. Und Menschen, die in einfache Säle statt in die Prunkbauten unserer neudeutschen Theater gehen, bleiben Theatergänger. [...] Der Mißbrauch ist eigentlich unausweichlich. Es heißt sich falsche Vorstellungen vom Menschen machen, wenn man glaubt, daß er, in der stattlichen Anzahl von mehreren hundert Theaterbesuchern, an dem bestimmten Abend zu dem bestimmten Moment in die bestimmte Geistesverfassung versetzt werden könnte. [...] Noch das Ausweichen vor der Fiktion führt in die Fiktion. Auschwitz läßt sich nicht spielen, nicht einmal durch seine Wirklichkeit.«

(Stuttgarter Zeitung, 18.9.1965)

Hermann Naber: Ein Auschwitz-Stück im Streit der Meinungen

»›Kann sich die Bühne eine Auschwitz-Dokumentation leisten?‹ Der Fragesteller Joachim Kaiser [...] weiß, daß seine Antwort unredlich ist; er gibt sie dennoch, weil er die Bühne vor Vergewaltigung bewahren, den Theaterbesucher schützen will vor ›der Gewalt des Faktischen‹, weil er hier die Freiheit des Kunstwerks, mißverstanden zu werden, in Gefahr sieht. Die ›Ermittlung‹ von Peter Weiss sei kein Theaterstück, schreibt er, weil es nicht Fiktionen biete, sondern Fakten, weil es nicht ›Kunstwahrheit‹ enthalte, sondern ›Faktenwahrheit‹. Wo steht, daß die Wirklichkeit nichts auf der Bühne zu suchen habe? [...]
Der Verfasser des ›Plädoyers gegen das Theater-Auschwitz‹ macht sich zum Anwalt der Konsumenten von Bühnenästhetik, denen Auschwitz nicht zumutbar ist. [...]
Sehr wenig bekannt müssen die Fakten demjenigen sein, der, durch ihre Furchtbarkeit betäubt, sie nur ›unverständlich‹ findet. Noch bevor das Publikum das Stück auch nur gelesen haben kann, macht Kaiser ihm klar, daß nichts weiter als furchterregende Schrecknisse darin zu erwarten seien.
Er tut so, als solle auf der Bühne (auch im Rundfunk, auch am Lesepult?) Auschwitz ›gespielt‹ werden. Er verschweigt, daß das Stück in Form einer Gerichtsverhandlung geschrieben ist, bei der überhaupt nichts dargestellt, gespielt werden muß. Er verschweigt, daß das Stück zum größten Teil aus Zeugenaussagen besteht, daß darin leidenschaftslos auch die Meinung der Angeklagten gilt.
[...] Nicht der Vergangenheit, die man gern vergessen möchte, sondern der sich verschließenden Gegenwart gilt die ›Ermittlung‹. Aber warum halten wir das jemandem vor, der meint, schon der Titel ›Die Ermittlung‹ sei ›juristisch wohl nicht ganz korrekt‹. [...]
Wer Fragen stellt, kann sich die Antworten nicht aussuchen. Es war aber nicht vorauszusehen, daß einer, dem das Stück nicht paßt, über den Autor herfällt. H.-D. Sander hält sich in der ›Welt‹ vom 18. September aus der Diskussion heraus, noch ehe sie in Gang gekommen ist. Er diffamiert die ›Ermittlung‹, indem er Peter Weiss einen Kommunisten nennt, wobei er sich auf ein Interview in ›Stockholm-Tidningen‹ vom 2. Juni beruft. [...]
Auf Sander brauchte nicht weiter eingegangen zu werden, würde er sich nicht die Argumente Joachim Kaisers auf eine Weise zu eigen machen, die einer Denunziation gleichkommt. Schon müssen nämlich Kaisers mißverständliche Bedenken gegen die Aufführung der ›Ermittlung‹ herhalten für die politische Diffamierung des Autors. Sander nennt das Stück eine kommunistische ›Partisanenaktion‹. Peter Weiss habe dieses Stück geschrieben, ›um synchron mit der permanenten Propagandakampagne des Ostblocks die Bundesrepublik anzugreifen‹. Das zu behaupten ist infam. Die Diskussion über die ›Ermittlung‹ soll von vornherein im Schmutz des Kalten Kriegs ersticken, wenn es heißt: ›Wie immer man das Stück jetzt angreift, wie immer man sich mit der Konversion des Autors auseinandersetzt, der Osten wird spielend jede Polemik als neofaschistische Hetze auslegen können.‹
Mit solchen Mitteln werden der Wahrheit *die* Schwierigkeiten bereitet, von denen Brecht sprach.«

(Frankfurter Rundschau, 2.10.1965)

Erasmus Schöfer: Auschwitz auf dem Theater?

»Seit Auschwitz und Hiroshima wird die Frage erwogen, ob Kunst in der Lage ist, diese und vergleichbare Ereignisse in Formen zu fassen, die dem Geschehen angemessen sind. Noch keine der versuchten Werkantworten hat die Frage so beantwortet, daß sie verstummte. Peter Weissens szenisches Oratorium ›Die Ermittlung‹ ist ein solcher Versuch. Verschiedene Kritiker haben dafür plädiert, diesen Versuch als schon im Ansatz gescheitert, die Antwort des Peter Weiss als falsch anzusehen. [...] Hier wird der Versuch gemacht, diesen Argumentationen zu entgegnen.
Die Kritik entzündet sich an der Fragestellung, daß Weissens Stück kein eigentliches Theaterstück ist, vielmehr ein protokollierender Bericht des realen Auschwitz-Prozesses [...]. Fakten also, Fakten von unerbittlicher Wucht und grausamer Nacktheit, sollen dem Zuschauer von

der Bühne durch Schauspieler entgegengebracht werden, um ihm die Vergangenheit der Nation vor die Sinne zu führen und dadurch sein Gewissen zu erschüttern, seine Einsicht wachzurufen. [...]
Ich halte es für ein wirkliches Unglück, daß durch die Diskussion über die Möglichkeiten einer unangemessenen oder pervertierten Wiedergabe und Aufnahme der ›Ermittlung‹, also durch Pietät ihrem Thema gegenüber, dieses präzedenzlose Zusammenwirken so vieler Bühnen bedroht wird, um seine Bedeutung gebracht zu werden; zumal von der materiellen Seite her ein Mißverständnis ausgeschlossen ist. Wenn tatsächlich einige Intendanten sich nur durch den Druck eines moralischen Konsensus bewogen fühlen, das Stück zu geben, wie kann man dann diesen ›Konformismus‹ bedauern, statt die Existenz der moralischen Übereinstimmung und ihres Druckes zu begrüßen? Wie konnte das schlimme Wort von der ›Wiedergutmachungskonjunktur‹ geprägt werden, da noch die Opfer und die Einsichtigen in unserm Land fünfzehn Jahre hindurch unter dem Schweigen über das Geschehene litten und während gleichzeitig, beruhend auf wirtschaftlicher und militärischer, nicht moralischer Macht, allenthalben die Trommel für Nationalstolz und Führungsanspruch gerührt wird? [...]
Die gegen Peter Weissens Stück vorgebrachten moralischen und formalen Bedenken sind ohne Zweifel integer und von den besten Absichten für die verhandelte Sache bestimmt. Ich glaube aber, daß hier nicht Bedenken und Befürchtungen am Platz sind, sondern entschlossener Mut zu einem großen und würdigen Versuch. Kaum dürfte er scheitern. Vielleicht bleibt er ohne merkliches Ergebnis. Aber dreifacher Gewinn steht in Aussicht: Moralisches Bewußtsein durch Kenntnis der Vergangenheit, politisches Bewußtsein durch Verständnis der Gegenwart, ästhetisches Bewußtsein durch Bewegung des Theaters.«

(Stuttgarter Zeitung, 9.10.1965)

Günter Zehm: Gehirnwäsche auf der Bühne

»Was im Auschwitz-Prozeß vor dem unzulänglichen, aber anständigen Paragraphen des Strafrechts als Mord und Massenmord abgeurteilt worden ist, wird nun in die verschwommenen Tiefen allgemein-menschlicher oder zumindest deutscher Grundbefindlichkeit hinuntergeorgelt; der Zuschauer, der sich gerade in einem Falle wie Auschwitz [...] räsonierend verhalten sollte, um die Abwehrkräfte der Vernunft gegen das mögliche Unheil zu mobilisieren, wird zum hirnlosen Komplicen ›deutschen Schicksals‹ gemacht. Wie Keulenschläge der Nemesis fallen die Sentenzen von der Bühne auf ihn herunter. Was Weiss und die deutschen Intendanten in der ›Ermittlung‹ angerichtet haben, verrät alle Prinzipien politischen Theaters als moralischer Anstalt, es schlägt den mühsam erarbeiteten Maximen Brechts und Sartres, der Erzväter des modernen politischen Theaters, ein höhnisches Schnippchen, um spornstreichs im tiefenpsychologischen Sumpf zu landen, es ist kein Prozeß, sondern – eine Gehirnwäsche. [...]
Daß der Osten diesen Akt für seine Zwecke weidlich ausnutzt, kann man sogar verstehen: dort wird mit Theaterstücken harte Politik gemacht. [...] Und so stellt sich die Frage, ob die Bühnen und Rundfunkanstalten wirklich so politisch unbefangen des Stückes hätten annehmen dürfen. Wir meinen: Nein.«

(Die Welt, 25.10.1965)

Ernst Schumacher: »Die Ermittlung« von Peter Weiss. Über die szenische Darstellbarkeit der Hölle auf Erden

»Mit der Hölle stand die Nachhölle selbst zu Gericht, im Gerichtsprozeß kam der Geschichtsprozeß mit einer seiner teuflischen Kulminationen zur Verhandlung, der Prozeß gegen die Unmenschen konnte nur geführt werden, wenn der Prozeß der Entmenschlichung zum Gegenstand des Verfahrens gemacht wurde, der folgerichtig zu Auschwitz geführt hatte. Die Verbindung von Hölle und Nachhölle [...] erfolgte hier auf organische, immanente wie emanente Weise. Die Ermittlung der Wahrheit konnte nur erfolgen, wenn das Wesen des Faschismus vermittelt wurde. Die Form dieser Ermittlung aber machte immer wieder deutlich, daß die materiellen und ideellen Grundlagen dieses Wesens in der Bundesrepublik nicht beseitigt sind, so daß die Gefahr besteht, dieses Wesen restauriere sich nicht nur, sondern materialisiere sich auf eine Weise, die das Inferno von Auschwitz letztlich an Effektivität überträfe.« (S. 76)

»Auch andere bürgerliche Autoren, die sich mit der KZ-Thematik auseinandersetzten [...], haben diese Verflechtung von Ausbeutung und Vernichtung der Menschen registriert und dokumentiert. Aber nur Weiss schritt von der *Erkenntnis* der Tödlichkeit des Kapitalismus und Imperialismus zum *Bekenntnis* für den Sozialismus weiter. [...]

Tatsächlich ist das ›Oratorium‹ erst durch die offene Parteinahme aus dem Ästhetikum zu einem Politikum geworden. Durch diese Politisierung wurde die bloße moralische Entrüstung über Auschwitz historisch-konkret *gestellt*; die leicht einnehmbare Distanzierung von den belangten Mördern und ihren Untertanen zur Stellungnahme vorangetrieben, ob nicht das System, nicht bloß ›seine Männer‹, historisch belangt werden müßten; das bloße Einverständnis mit einer Klage über die Opfer nicht nur zum Einverständnis mit der Anklage gebracht, sondern zum Einverständnis mit der Sache des Sozialismus fortgeführt, der den Kapitalismus, die Grundlage des Faschismus, aus der Welt schafft. Deshalb die ›Warnungen‹ der Sprachrohre des Monopolkapitals vor einer Aufführung, deshalb deren leidenschaftliche Reaktionen gegen die Aufführungen.« (S. 82f.)

»*Die Ermittlung* ist intentionell gegen die irrationalistische Verschleierung des Schreckens gerichtet, wie sie für das alte und neue ›Theater der Grausamkeit‹ kennzeichnend ist. Wenn sie ›grausam‹ ist, dann deshalb, weil sie dem Unvorstellbaren, Unbegreiflichen, Unfaßbaren fortwährend den ›rationalen Stachel‹ einsetzt, der Auschwitz als Produkt eines bestimmten Gesellschaftssystems, eben des kapitalistischen, erkennbar macht.« (S. 86f.)

»Darum ist das Verfahren von Weiss, der unübertroffenen objektiven Absurdität von Auschwitz durch Beschreibung, der Paradoxie der bestehenden bürgerlichen Gesellschaft in Westdeutschland durch die bloße Vorführung von Haltungen und die Wiedergabe von authentischen Äußerungen beizukommen, ungleich produktiver und erhellender als die meisten Umschreibungen und Transpositionen. [...] Um mit der *Nachhölle* fertig zu werden und der Schaffung eines *Paradieses auf Erden* wenigstens so weit vorzuarbeiten, daß die Menschheit sich nicht selbst ausrottet, sondern am Leben bleibt, ist die ›Besichtigung der Hölle‹ nötig. Eine Ablehnung, Auschwitz zum Gegenstand der Kunst zu machen, läuft nur darauf hinaus, sich zu weigern, unsere Epoche zu begreifen und auf eines der möglichen Mittel zu verzichten, die Menschen zum Bewußtsein des Ausmaßes ihrer bisherigen ›Verdammungen‹ und der ihr drohenden ›Verdammnis‹ kommen zu lassen.« (S. 90f.)

(Aus: Canaris 1970, S. 69–91)

Gerhard Schoenberner: Die Ermittlung von Peter Weiss: Requiem oder Lehrstück?

»Schon vor der Uraufführung der *Ermittlung* hat es an Angriffen und Kritik nicht gefehlt. Das liegt nicht an der Wahl des Themas. [...] Die Beschäftigung mit der Vergangenheit ist heute in der Bundesrepublik keineswegs tabu. [...]

Stillschweigende Voraussetzung ist allerdings, daß diese Vergangenheit als historisch isoliertes Phänomen ohne Bezug auf die Gegenwart ausgegeben wird, daß die nach wie vor verteidigten Ursachen der nicht mehr zu verteidigenden Folgen ungenannt bleiben [...]. Verstößt einer gegen diese Spielregeln, nennt Namen und deckt Zusammenhänge auf, sogleich wirft man ihm vor, tragisches Geschehen für vordergründige politische Agitation zu mißbrauchen [...].«

(Gewerkschaftliche Monatshefte 12/1965, S. 738–745, hier S. 740f.)

6 Zur Theatergeschichte des Werkes

6.1 Einführender Überblick

Am 19. Oktober 1965 wurde die *Ermittlung* an 14 Theatern der Bundesrepublik und der DDR, sowie im Londoner Aldwych Theatre gleichzeitig uraufgeführt. (So die Auskunft des Suhrkamp-Verlages; P. Noeldechen spricht von 17 Bühnen, Westfälische Rundschau 19.10.65; Otto F. Riewoldt meint gar, daß alleine schon 18 Städte in der DDR sich an der Ringuraufführung beteiligt hätten [Riewoldt 1978, S. 155]; die unterschiedlichen Angaben beruhen vermutlich darauf, daß einige auch die unmittelbar folgenden Aufführungen zu den Uraufführungen rechneten).

Dabei handelte es sich in fünf Fällen um szenische Aufführungen (West-Berlin, Essen, Köln, München, Rostock), ansonsten um Lesungen des Textes (Ost-Berlin, Cottbus, Dresden, Gera, Halle/Leuna, Meiningen, Neustrelitz, Weimar, Potsdam und London). Am 20.10. folgte eine Lesung in Lübeck, am 23.10. eine Aufführung in Stuttgart. Bis zum Ende des Jahres 1965 fanden noch Lesungen in Erfurt, Schwerin und Altenburg statt, in Trier, Hildesheim, Pforzheim und Oberhausen, in Zürich und Klagenfurt. Amsterdam, Stockholm, Paris, Helsinki und Oslo folgten mit szenischen Aufführungen.

Das große Interesse an dem Weiss-Oratorium wurde noch unterstrichen durch Hörspiel- und Fernsehfassungen, die nicht nur im gesamten deutschsprachigen Raum ausgestrahlt wurden, sondern auch – teilweise ein bis zwei Jahre später – in Belgien, England, Holland, Israel, Italien, Jugoslawien, Schweiz, Polen, CSSR, Ungarn und den USA.

Von den genannten Aufführungen und Lesungen des Jahres 1965 fanden einige besondere Aufmerksamkeit: Die Lesung in der Ost-Berliner Akademie der Künste im Hause der DDR-Volkskammer (Regie: von Appen, Bellag, Engel, Weckwerth, Wolf; Musik: Paul Dessau), die Rostocker Inszenierung H.A. Pertens (Musik: Luigi Nono), die West-Berliner Inszenierung an der Freien Volksbühne (Regie: E. Piscator; Musik: Luigi Nono) und die Stuttgarter Inszenierung durch P. Palitzsch. An beiden Berliner Uraufführungen nahm Peter Weiss als Gast teil. In »Theater heute«, Sonderheft 1966, S. 114, heißt es zu diesen vier Darbietungen: »Lesung in der Volkskammer der DDR, mitwirkend prominente Politiker und Schriftsteller, ein ›Staatsakt‹, der zugleich Weissens Übertritt ins sozialistische Lager zu feiern schien, die Rostocker Aufführung, betont antikapitalistisch, Piscators Westberliner Inszenierung, emotional erregt, wie ein Würgegriff, Palitzschens Stuttgarter Aufführung, hell, demonstrativ, Zeugen und Angeklagte von den gleichen Schauspielern gesprochen.«

Beachtung fanden auch Paul Verhoevens Münchner Einstudierung und die Kölner und Essener Inszenierungen.

Parallel zu den Lesungen und Vorstellungen veranstaltete man in mehreren deutschen Städten öffentliche Podiumsgespräche über das Stück, z.B. in Stuttgart und in Ost-Berlin.

Von den ausländischen Darbietungen des Stücks sind vor allem die Londoner Lesung der *Ermittlung* – englischer Titel: »The Investigation« – zu nennen, die Peter Brook mit der Royal Shakespeare Company einstudiert hatte, und Ingmar Bergmans Inszenierung am »Dramaten« in Stockholm (Anfang 1966), die in enger Zusammenarbeit mit dem Autor Peter Weiss zustande kam. Die Stockholmer Aufführung, die von der Presse und von Weiss uneingeschränkt gelobt wurde, muß als *die* Bühnenrealisierung der *Ermittlung* angesehen werden, welche der Vorstellung des Autors am nächsten zu kommen schien.

Zwiespältig wurde die durch technische Perfektion faszinierende Pariser Aufführung der *Ermittlung* bewertet, die Gabriel Garran Anfang 1966 in der Industrievorstadt Aubervillers einstudiert hatte.

Das Jahr 1966 war gekennzeichnet durch ein unvermindert starkes Interesse an dem Weiss-Drama. Zwar nahm die Darstellung in der Presse nicht mehr so breiten Raum ein wie zuvor, doch gelangte das Stück mit seiner Botschaft nun auch in die entferntesten Winkel des deutschsprachigen Raumes. Da gab es einerseits Lesungen und Aufführungen an etwa 24 weiteren

Bühnen: in der DDR u.a. in Leipzig, Meissen, Magdeburg, in der Bundesrepublik u.a. in Wuppertal, Braunschweig und Oberhausen, es gab Gastspiele der Rostocker Bühne in westdeutschen Städten, es gab Lesungen in Basel und Graz.

Da erfaßte andererseits die ausgestrahlte Fernsehbearbeitung des Stückes, beeindruckend in Szene gesetzt von Peter Schulze-Rohr, auch Bevölkerungsteile, die normalerweise nicht zu den Theater-Gängern zählen: »Es gab kein Entrinnen, es gab nur die Feigheit des Abschaltens oder die Bequemlichkeit des Umschaltens.« (FAZ, 31.3.1966)

Die *Ermittlung* wurde in mehreren Ostblockstaaten aufgeführt, schließlich auch im Ambassador-Theater am New Yorker Broadway, etwa ein Jahr nach der Uraufführung. Die amerikanischen Kritiker zeigten sich, angesichts der ungewohnten nicht-theatralischen Darstellungsweise, ratlos.

Abgesehen von einem Rostocker Gastspiel in Essen war die *Ermittlung* im Jahre 1967 von den deutschsprachigen Bühnen vollständig verschwunden.

Groß war die Anteilnahme an dem Stück allerdings noch im Ausland: Moskau, Buenos Aires, Budapest, Sofia und Montevideo brachten eigene Einstudierungen, auch Japan.

Das Mailänder Piccolo Teatro begab sich auf eine dreimonatige Tournee durch rund 25 italienische Städte und zeigte das Stück, den Intentionen des dokumentarischen Theaters entsprechend (vgl. Notizen, S. 103), in Ausstellungshallen und Sportpalästen, in Kirchen und unter freiem Himmel. Mehrere tausend Zuschauer nahmen an der Erstaufführung teil.

Von 1968 bis zum Jahre 1978 war die *Ermittlung* dann nicht mehr auf deutschen Theaterplänen zu finden. Entsprechend dem offiziellen Totschweigen oder Verharmlosen des Neonazismus schwiegen sich auch die Bühnen aus. Die Thematik war nicht »in«, wenn man dieses Wort hier benutzen darf. Hinweise gibt es nur auf Inszenierungen in Israel, Griechenland, Brasilien und der Türkei. Eine Wiener Neuinszenierung erfolgte im März 1978.

Erst im März 1979, etwa 12 Jahre nach der letzten Aufführung, wurde auch in der Bundesrepublik die *Ermittlung* wieder »gespielt«.

Gerade hatte das Fernsehen die amerikanische Serie *Holocaust* ausgestrahlt und die Diskussionen um die Judenvernichtung im Dritten Reich neu entfacht. Bewußt daran anknüpfend, zeigte das Schloßtheater Moers eine Einstudierung des Stücks, die von allen bisherigen Inszenierungen erheblich abwich.

Der Regisseur, Thomas Schulte-Michels, hatte nämlich die *Ermittlung* in der Atmosphäre eines Tingeltangellokals spielen lassen und sich dabei, im Gegensatz zu allen bisher bekannten Darbietungen, einer breiten Palette theatralischer Mittel und Effekte bedient.

Diese Inszenierung fand ein starkes, weitgehend positives Echo, stieß aber kaum auf Proteste. Im März 1980 wurde die nahezu gleiche Inszenierung ein zweites Mal an der Freien Volksbühne in West-Berlin gezeigt und hatte nun einen Theaterskandal zur Folge. Nach Erklärungen für diesen unerwartet gewaltigen Proteststurm, aus dem sich nur wenige zustimmende Kommentare zur Inszenierung hervorhoben, wurde gesucht: »Berlin liegt nicht am Niederrhein, es ist geschichtlich, aktuell (auch medien-)politisch, kulturell, lokalpsychologisch ungefähr das extreme Gegenteil der Region, in der die Konzeption entstand.« (Die Deutsche Bühne 51/1980, H. 4, S. 4)

Die gleichen Zeitungen, allerdings nicht die gleichen Autoren, urteilten plötzlich anders (z.B. der Berliner »Tagesspiegel«). Der Vorsitzende der Jüdischen Gemeinde zu Berlin, Heinz Galinski, forderte gar in der Allgemeinen Jüdischen Wochenzeitung vom 21.3.1980 die unverzügliche Absetzung dieser Inszenierung vom Spielplan der Freien Volksbühne.

Peter Weiss jedoch solidarisierte sich mit dem Regiekonzept der Aufführung: »Ich kann mir das Stück auch anders inszeniert vorstellen, finde aber, nach allem, was ich darüber weiß, diese Inszenierung unserer Zeit völlig entsprechend. Ich finde, daß man das Stück absolut so machen kann.« (Stuttgarter Zeitung, 22.3.1980)

Angesichts der Aufführungen in Moers und Berlin blieben zwei andere Inszenierungen, nämlich in Mainz (1979/80) und Bremen (1980), völlig ohne Resonanz.

Die letzte bekanntgewordene Aufführung der *Ermittlung* bot das Wiener Burgtheater unter der Regie von Angela Zabrsa. Etwa ein Jahr lang, von April 1981 bis Juni 1982, wurde dort das

Stück dargeboten, gänzlich ohne theatralische Effekte. Die Kritik zeigte sich gespalten. Auffällig war der Hinweis auf die veränderten Zeiten: »Kann so einer Generation, die das alles nicht erlebt hat, etwas von dem vermittelt werden, was gar nicht zu fassen ist? Ist so übersteigerte Sachlichkeit das richtige Mittel?« (Wochenpresse, Wien, 29.4.1981)

6.2 Dokumentation

URAUFFÜHRUNG (19. OKTOBER 1965), LESUNG IN DER OST-BERLINER AKADEMIE DER KÜNSTE

Ostberlin (Klaus Völker)

»Die Form der szenischen Lesung, die die Ostberliner Akademie der Künste in der Volkskammer veranstaltete, entsprach genau der Anmerkung des Autors zu seinem Drama: ›Bei einer Aufführung soll nicht der Versuch unternommen werden, den Gerichtshof, vor dem die Verhandlungen über das Lager geführt wurden, zu rekonstruieren. [...].‹ Auf einem Podium saßen links vom Zuschauer der Verteidiger und die Gruppe der Angeklagten, rechts hinten die Zeugen, die zu ihren Aussagen in die Mitte des Podiums traten. Vor den Zeugen saßen der Richter und der Ankläger und ganz rechts ein Sprecher, der die Überschriften der Gesänge und die Regieanmerkungen las. Im Hintergrund war ein Stahlrohrgerüst aufgebaut, an dem eine Wandtafel mit dem Grundriß des Lagers aufgehängt war, darüber stand: ›Die Ermittlung‹.

Paul Dessau hat für die Szeneneinschnitte kurze musikalische Kommentare geschrieben, ohne dabei zu versuchen, die Zuschauer in andächtige Stimmung zu versetzen oder emotional zu beeinflussen. Bei der mehrfach wiederkehrenden Anmerkung ›die Angeklagten lachen zustimmend‹ wurde ein barbarischer Paukenschlag eingeblendet, ein bezeichnendes Beispiel für die unnaturalistische, ganz sachliche Wiedergabe des Stückes.

Die Bemühungen von Peter Weiss, dokumentarisches Material formal unauffällig zu ordnen, um ein ›Auschwitz-Theater‹ zu vermeiden, wurden vom Regiekollektiv [...] sehr sinnvoll ergänzt. Es lasen Schauspieler der Ostberliner Theater u.a. Helene Weigel, Hilmar Thate [...], ferner die Schriftsteller Stephan Hermlin, Bruno Apitz, Helmut Baierl und Wieland Herzfelde, der Bildhauer Fritz Cremer und der stellvertretende Ministerpräsident Alexander Abusch. Dieses Nebeneinander von Schauspielern und Laien fiel überhaupt nicht auf, weil keiner der Mitwirkenden den Versuch machte, eine interessante ›Rolle‹ zu spielen. Hier saßen Menschen auf der Bühne, die wußten, was in der ›Ermittlung verhandelt wird. Sie verstanden die Lesung als würdige Demonstration ihrer antifaschistischen Gesinnung.«

(Die Weltwoche, 29.10.1965)

URAUFFÜHRUNG (19. OKTOBER 1965), FREIE VOLKSBÜHNE WEST-BERLIN

Was wird ermittelt? (Ernst Wendt)

»Die Bühne ist schwarz ausgeschlagen. Sie wird nie gleichmäßig, sondern immer akzentuierend oder ›atmosphärisch‹ beleuchtet. Das Entsetzende einzelner Aussagen wird gleichsam ›abgedunkelt‹, Reaktionen einzelner Angeklagter werden vom Scheinwerfer polemisch in grelles Licht gerückt. Das Arrangement bildet ein – fast gleichschenkliges – Dreieck. Rechts das Gericht: auf erhöhtem Podest über einer ledergepolsterten Sitzreihe steht der Tisch des Richters; am vorderen Ende, nah am Portal, sitzt – Blickrichtung zum Publikum – der Ankläger; und in der Spitze des Winkels hat – mit dem Rücken zu den Angeklagten und derselben Blickrichtung wie sie – der Verteidiger seinen Platz. Die Angeklagten sind am linken Schenkel des Dreiecks auf drei erhöhten Podesten plaziert: sie sind auf Distanz voneinander, sie sitzen auf Drehstühlen, und vor sich hat jeder ein schwarzes Pult. Direkt über ihren Köpfen ist ein Metallgerüst, daran hängen Scheinwerfer, jedem von ihnen ist einer zugeordnet; wer eine Aussage macht oder von einem Zeugen benannt wird, der wird von oben herab von einem hellen Lichtkegel ›festgenagelt‹.

Die Zeugen sitzen mit dem Rücken zum Publikum vor der ersten Parkettreihe – die Rampe ist aufgehoben. Wenn sie eine Aussage machen, treten sie aus dieser halben Versenkung, aus der zuvor nur ihre Rücken und Köpfe ragten, vier Stufen hoch in das Dreieck hinein. Da stehen noch ein Drehstuhl und ein Tischpult. Richter, Verteidiger und Ankläger tragen Roben, die Angeklagten sind übermäßig korrekt, wie zum Sonntagsspaziergang, gekleidet, die Zeugen 1 und 2 tragen Straßenanzüge, die übrigen unansehnliche graue Cordanzüge.

Die Titel der Gesänge werden in großen weißen Lettern auf eine schwarze Fläche ganz im Hintergrund der Bühne projiziert. Wenn das Licht langsam aufblendet, sieht man jeweils die Angeklagten nach hinten auf diese Projektionen starren – dann drehen sie sich ruckartig um auf ihren Stühlen. Zwischen den Gesängen wird über die im Raum verteilten Lautsprecher – wie eine Schocktherapie – Luigi Nonos elektronische Musik verabfolgt, langhin böser ›Klagetöne, stumpfe, grelle Motorik oder auch manchmal nur ein entnervender böser ›Tusch‹ nach dem Blackout. Die Musik ist mit schrillen Übersteuerungen auf Illustration und Emotionen aus, sie betäubt damit nur, was kurz vorher ausgesagt wurde. Das Publikum duckt sich spürbar zusammen, verschließt den die Stille zerreißenden musikalischen Appellen die Ohren.

Erwin Piscators Inszenierung ist zugleich feierlich, theatralisch und polemisch; Sachlichkeit – die dem Zuschauer Freiheit ließe zu intellektuellen Reaktionen – ist ganz von der Bühne vertrieben; vorherrschend ist die Absicht, zu erschüttern, zu betäuben, anzuklagen. Das Publikum wird in den Zustand von Fassungslosen und Mit-Leidenden versetzt. Die Zeugen, die Opfer, werden ihm – durch ihre Plazierung sowohl wie durch ihre sehr emotional bestimmten Aussagen – ›nahgebracht‹, die Angeklagten dagegen werden ihm verteufelt, und somit ganz fern gerückt: mit denen haben wir nichts zu tun. Sie reagieren wie ein bösartiger, zynischer Chor, eine verstockte, verschwörerische Uniformität artikuliert sich in ihren abrupten Drehungen, dem heftigen, aufsässigen Klopfen auf den Pultdeckeln, verständnisinnigen Blicken untereinander und höhnischem, chorischem Lachen.

Die Zeugen erscheinen ihnen gegenüber – die erhöht sitzen und von einem, wie es scheint, fühllos inquisitorischen Verteidiger unterstützt werden – nach wie vor als Opfer. Sie sind sehr individuell besetzt, Einzelschicksale prägen sich auf ihren Gesichtern aus, werden von heftig ausgespielten Erregungen, Erschöpfungen und Hilflosigkeiten noch unterstrichen. Die Zeugen sind fortgesetzt den latenten Bockigkeiten und einer sarkastischen Überheblichkeit der Angeklagten und den irritierenden Fragen des Verteidigers konfrontiert. Sie erscheinen, wenn sie zögernd die Stufen hochtreten, als von den Schrecken des Lagers nach wie vor Geduckte. Die Leiden sind ihnen immer noch eingeschrieben in Gesicht und Haltung, die Angst sind sie längst nicht losgeworden. Die Reaktionen der Angeklagten und die insistierenden Fragen des Verteidigers müssen wie Sarkasmus darauf wirken, als höhnische Verlängerung ihrer Qualen. Das ergibt nun – obwohl es sich auf genaue Beobachtungen während des Frankfurter Prozesses berufen kann – einen sentimentalen Effekt. […]

Aufgefordert, meine persönlichen Eindrücke zu summieren, hätte ich nach dieser Aufführung gesagt: mir war es stellenweise peinlich, dabei zu sein – bei der aufgesetzten, routinierten Schauspielerei des Anklägers einerseits, bei verschiedenen Aussagen von Zeugen andererseits, bei denen sich das angelernte, das ›inszenierte‹ Arrangement auf undelikate Weise mit dem persönlichen Engagement, den von den Darstellern kaum unterdrückten Empfindungen verband.«

(Theater heute, H. 12/1965, S. 14f.)

URAUFFÜHRUNG (19. OKTOBER 1965), VOLKSTHEATER ROSTOCK
»Die Ermittlung«... (Jürgen Beckelmann)

»Die Inszenierung des Rostocker Volkstheaters wurde von Hanns Anselm Perten […] ganz auf oratorische Strenge und Regelhaftigkeit hin angelegt. Rechts im Vordergrund der Bühne sitzt der Richter, links der Vertreter der Anklage. In einem Halbrund, vier Reihen übereinander auf einem schwarzen Gestell vor weißem Hintergrund, sitzen die Zeugen der Anklage, sie ganz unten und in gestreifter Häftlingskleidung, die Angeklagten in dunklen Anzügen und gutbürgerlichen Schlipsen darüber, in ihrer Mitte der Verteidiger. Die Zeugen der Anklage treten zum Sprechen vor, einzeln, zu mehreren oder alle gemeinsam. Die Angeklagten werden durch einen Scheinwerfer herausgeleuchtet. Dieses nüchterne, in seiner Kargheit bedrohlich wirkende Bühnenbild Falk von Wangelins ist wohldurchdacht, sehr passend zur Regieabsicht und ein rechter Hintergrund für die Musik Luigi Nonos. Und doch ließ die Inszenierung das Problem, ›Die Ermittlung‹ aufzuführen, nur lösbar erscheinen. Die Lösung selbst brachte sie nicht. [...] Mit Ausnahme einiger Passagen war die Sprechweise zu persönlich, zu beteiligt, viele Mitteilungen wurden gleichsam emotionell aufgeweicht. [...] Gelegentlich klangen sogar pathetische Töne an [...]. Gerade die innere Beteiligung der Schauspieler rief im Parkett oft nur matte Reaktionen hervor, und das Schlimmste, was je zu befürchten stand, trat ein: Streckenweise geriet ›Die Ermittlung‹ langweilig. [...] Nach der Pause, zwischen dem 5. und 6. Gesang, hielten sie sich stärker zurück, sprachen strenger – und wo sie ganz sachlich wurden, fast kalt, sobald sie das Grauen mit eisiger Stimme mitteilten, wurde das Publikum sofort von atemloser Spannung erfüllt und empfand eben alles das, was die Schauspieler an Empfindung verbergen. Sollte man in Rostock bereit sein, die Inszenierung als noch nicht endgültig zu betrachten, so liegt hier wahrscheinlich die Linie, auf der das Stück zur angestrebten Wirkung gebracht werden kann. Der von Perten eingeschlagene Weg scheint richtig zu sein. Nur müßte er mit aller Konsequenz zu Ende gegangen werden.«

(Frankfurter Rundschau, 22.10.1965)

STUTTGARTER STAATSTHEATER (23. OKTOBER 1965)

Auschwitz auf dem Theater? (W.K.)

»Eine von rechts nach links ansteigende Schräge, an deren oberem Ende der Richter sitzt, der Vertreter der Verteidigung links neben ihm, der Staatsanwalt rechts, also mit dem Rücken zum Publikum. Im Hintergrund zwei Reihen numerierter Stühle. In den Pausen zwischen den einzelnen Gesängen, die Palitzsch nicht in Strophen unterteilt, läßt der Lautsprecher Nazi-Musik und Schlager jener Zeit ertönen.
Die Insenierung von Palitzsch betont den Charakter der szenischen Dokumentation. Die Schauspieler haben Textbücher in den Händen, sprechen aber fast durchweg auswendig. Alles ist in Zivil; Angeklagte werden zu Zeugen, Zeugen zu Angeklagten. Auf den Stühlen sitzen immer nur die Angeklagten, die in dem jeweiligen Gesang gebraucht werden, aus der Tür rechts treten die Zeugen und verschwinden nach ihrer Aussage in den Hintergrund. Nur das Gericht und die weiblichen Zeugen werden von dem Wechsel nicht berührt. Über den Stühlen spannen sich in zwei Reihen übereinander die vergrößerten Photos der achtzehn Angeklagten.
Äußerlich ist also alles getan, um jeden Ansatz zum Illusionstheater zu ersticken. Dennoch tun die Darsteller mehr, als ›innerlich in den Sog‹ der ihnen auferlegten Sätze zu geraten. Immer wieder gleiten Mila Kopp, Eva-Maria Strien, Katharina Tüschen und Maria Wiecke in die Identifikation; Günther Lüders ist erst ein ausgeprägter Angeklagter, und dann verkörpert er wirklich jenen Untersuchungsrichter, der in der bei Piscator gestrichenen Szene die Resignation des Rechts vor der Gewalt schildert. [...]
Palitzschs Inszenierung ist ein Verwirrspiel, das noch dadurch verwirrter wird, daß er ganze Partien oder einzelne Sätze umstellt; sie folgt nicht der Logik von Weiss, an die sich Piscator bei allen notwendigen Streichungen und geringfügigen Umstellungen streng gehalten hat. Wenn Palitzsch auch Höhepunkte gelangen, in denen der Zuschauer nun seinerseits in den Sog der Bühne gezogen wurde, seine Inszenierung war oft ein trockenes Lehrstück. Piscator hat bewiesen, daß es möglich ist, das Theater der Demonstration, des Zeigens, das oft zum Theater des Zeigefingers herabsinken kann, mit dem Theater der Identifikation, der Illusion, das ebenso

56

leicht in Gefahr ist, in einen unverbindlichen Ästhetizismus auszuweichen, zu einer künstlerischen Einheit zusammenzuzwingen.«

(Der Tagesspiegel, 28.10.1965)

STOCKHOLM (FEBRUAR 1966)

Nicht Haß, sondern Wachsamkeit (Michael Salzer)

»Im Spiegel der schwedischen Pressekritik erscheint Ingmar Bergmans Version der ›Ermittlung‹ klarer und überzeugender als die meisten der bisherigen Aufführungen sonstwo. Während Piscator das Stück als ein Dante-Drama aufgefaßt hat, als eine dunkle und schöne Untergangsvision, die sich zur schließlichen Finsternis steigert, hat Bergman auf alle Steigerung verzichtet und damit sowohl an Klarheit wie an Aktualität gewonnen.

›Das ist eine der intelligentesten Theatervorstellungen, die ich gesehen habe‹, erklärte Göran O. Eriksson, der seinerzeit bei der Uraufführung in Westberlin zugegen war, in ›Stockholms Tidningen‹ (sozialdemokratisch) und fügte hinzu: ›Bergman konnte vor allem mit seiner Inszenierung beweisen, daß die Form des Oratoriums wirklich eine wesentliche künstlerische Funktion erfüllt... Eines der größten Verdienste dieser Vorstellung ist es auch, daß die ›Ermittlung‹ die Diskussion zwischen Individualismus und Kollektivismus, die im ›Marat‹ begonnen hat, fortsetzt...‹

Auch Bengt Jahnsson in ›Dagens Nyheter‹ (liberal) betont die wohltuende Abwesenheit aller Theatereffekte und rühmt die vollkommen klaren Konturen des Bühnenbildes von Gunilla Palmstierna-Weiß, kahle Bretterwände, unbemalte Holzbänke für die Angeklagten, Stühle für die Zeugen, ein ins Auditorium gestellter Richtertisch – und meint: ›Die Anklagen können hier nicht in einem schwarzen Bühnenfond, der sich zur Nacht und Metaphysik öffnet, verhallen wie bei Piscator in Westberlin...

In Ingmar Bergmans Regie gehört Auschwitz der Wirklichkeit an und kann nur aus dieser Wirklichkeit eine Erklärung finden...‹ Obwohl Jahnsson der Meinung ist, daß diese Vorstellung ›in all ihrer Nüchternheit mitunter in der Hitze des Engagements einiges verliert, was eine halb expressionistische Aufführung nicht getan hätte‹, zieht er den neutralen Ton, die gedämpften Gefühle und Bergmans Beherrschung vor und schließt seine unter der Schlagzeile ›Publikum und Richter suchen die Wahrheit im erleuchteten Zuschauerraum‹ eine Viertelseite füllende Rezension: ›Von allem, was ich im Theater bisher gesehen habe, hat mich nichts auch nur annähernd so erschüttert wie diese Vorstellung.‹

›Wenn schon Peter Weiss seinem Material gegenüber strenge Distanz bewahrt hat, so hat Bergman sie womöglich noch erweitert‹, schreibt Urban Stenström im ›Svenska Dagbladet‹ (konservativ). ›Weiss legt einen weiten Abstand zwischen Auschwitz als Phänomen und seine eigenen Gefühle gegenüber diesem Phänomen. Damit hilft er auch dem Zuschauer, den Abstand zu gewinnen, ohne den das Stück unerträglich wäre. Wenn er auch die Namen der Industriekonzerne, die Sklavenarbeiter bis zum Tode ausgenutzt hatten, angibt, ist sein Verhältnis zum Material weder erbittert noch gehässig. ...Er registriert nur die Strenge und trockene Dokumentation... Wie ich das Schauspiel auffasse, ist es nicht darauf aus, Haß hervorzurufen, sondern Wachsamkeit. Was in Auschwitz geschah, kann überall und jederzeit geschehen... Darum ist es notwendig zu warnen. Es sind nicht nur die Deutschen, die da gewarnt werden sollen. Die Warnung ist universell.‹«

(Die Welt, 15.2.1966)

DIE FERNSEHFASSUNG DER »ERMITTLUNG« (MÄRZ 1966)

Es gab kein Entrinnen (Ernst Johann)

»Die Regie hielt sich genau an den ausgewogen gekürzten Text, und sie begriff im übrigen und durchaus den Unterschied zu einer Bühneninszenierung; sie verstand es ins Filmische auszu-

weichen, ohne die Handlung zu verfilmen. Der Ort des Gerichts blieb so geschlossen und so unverändert wie je auf einem Theater, eingeblendet aber wurden, dem Rhythmus der Sprache entsprechend, Filmsequenzen, die in einem winterlich erstarrten Auschwitz aufgenommen waren. Bilder ohne Leben, gestorbene Natur im wortwörtlichen Sinne, kaum, daß einmal ein Vogel über diese weitausgebreiteten Zonen des Todes flog, kaum, daß sich dort irgend etwas bewegte. [...] Jedoch, man darf nicht denken, der Regisseur sei auf Symbolsuche ausgewesen. Das Ganze und jedes Detail dieses Auschwitz-Lagers birst ja voller anzüglicher, stummer Anklage, und eben diese Erkenntnis, umgesetzt in die böse Vereinsamung einer Ruinen- und Schneelandschaft, gibt jeder solcher Filmeinblendungen den Charakter einer gnadenlosen Dokumentation. [...]
Wir sehen in diesem Gelingen das erste und größte Verdienst des Regisseurs. Er heißt Peter Schulze-Rohr.«

(Frankfurter Allgemeine Zeitung, 31.3.1966)

SCHLOßTHEATER MOERS (MÄRZ 1979)

Mit dem Entsetzen scherzen... (Jochen Schmidt)

»Den unvorbereiteten Besucher trifft die Aufführung überraschend. Für Augenblicke wähnt er sich, irritiert, auf der falschen Beerdigung. Der Raum, in den man gelangt, wenn man die kleine Ausstellung mit Fotodokumenten zur Judenvernichtung im Foyer des Theaters durchschritten hat, wirkt wie ein Tingeltangellokal. Das Schloßtheater hat sich, ausgerechnet aus diesem Anlaß, in eine Nachtbar verwandelt. Dunkler Samt und Flitter prägen den Spielraum; aus dem Lautsprecher tönt leise, jazzige Pianomusik. Die Bühne führt als glühbirnengesäumter, doppelt T-förmiger, an den Enden mit geschwungenen Sofas bestückter Laufsteg durch den ganzen Saal. Grüppchenweise sitzt das Publikum an kleinen, niedrigen Tischchen, auf denen Sektgläser und Sektflaschen warten; die Informationen über Selektion, Folter, Menschenversuche und Massenmord dürfen mit einem Schluck Hausmarke heruntergespült werden.
Auch die Darsteller, zwei Frauen, fünf Männer, unter ihnen der Regisseur, sind in ihrer Aufmachung von der Ausstatterin Susanne Thaler diesem Raum angepaßt. Die Frauen tragen ›das kleine Schwarze‹, die Männer stecken in sackartig geschnittenen weißen Abendanzügen. Alle sind übertrieben stark, manche kalkweiß geschminkt. Sie wirken wie feingemachte Clowns oder abgetakelte Showleute – und wenn sie beginnen, einander Fragen zu stellen und Antworten zu geben, in denen die unvorstellbaren Greuel des Massenvernichtungslagers Auschwitz (die Weiss nur berichtet, aber nicht darstellt) zu buchhalterisch peniblen und justitiablen Fakten zusammenschrumpfen, wirkt das so unangemessen wir nur möglich.
Doch diese Unangemessenheit hat Methode. Die Inszenierung geht keineswegs willkürlich mit ihrem Thema um und sucht gewiß auch nicht eine lediglich interessante Perspektive. Die erste deutsche Aufführung des Stücks seit zwölf Jahren [...], geplant schon lange vor der ›Holocaust‹-Erregung, spielt in erster Linie das, was man bei einem normalen Theaterstück dessen Rezeptionsgeschichte nennen würde. Sie reflektiert, auf eine bitterböse Weise, den Umgang der bundesdeutschen Gesellschaft mit diesem schuldverstrickten Teil ihrer Vorgeschichte, die Verdrängungsmechanismen und zynischen Aufrechnungsversuche und nicht zuletzt auch die Tatsache, daß der Millionenmord aufgrund einer pervertierten Ideologie nicht als Realität, sondern erst als Fernsehereignis (nicht anders als ein Durbridge-Krimi oder die Übertragung eines Fußballeuropapokalspiels) und mit der Verspätung von gut dreißig Jahren ins Gedächtnis drang.
Peter Weiss hatte 1965 die Ermittlungsergebnisse des Frankfurter Auschwitz-Prozesses zu einem in dreimal elf Gesänge unterteilten Oratorium verdichtet [...].
Die Inszenierung von Schulte-Michels benutzt diesen Text nur noch als Steinbruch. Die ohne Pause ablaufende 100-Minuten-Show [...] hält sich nicht an den von Weiss vorgenommenen Aufbau des Stücks [...].
Sie benutzt vornehmlich die Gesänge von der Rampe, vom Lager und von der Schaukel, schon weniger extensiv die Gesänge ›von der Möglichkeit des Überlebens‹, vom Phenol und vom

Bunkerblock – und läßt das Ende im Gas und in den Feueröfen gänzlich weg. An die Stelle des originalen Aufbaus haben Regisseur Schulte-Michels und seine Dramaturgin Barbara Schatz einen neuen, anderen gesetzt, der in sich kaum weniger logisch und zwingend ist. In kräftigen Schüben, langsam, aber sicher, treibt die Inszenierung ihre von kleinen revuehaften Vampirtänzchen unterbrochenen Szenen in eine ständig zunehmende Unseriosität, Perversion und Zersetzung. Zu Beginn herrscht noch ein vergleichsweise trockener, sachlicher, wenn auch etwas hingeplauderter Verhörton, der durch nichts anderes diskreditiert wird als durch die Umgebung und die Situation, in der man ihn anstimmt. Doch bald schon klingen die Ausflüchte und Entschuldigungen der Angeklagten, als wollten sie ihr Publikum auf den Arm nehmen (oder vielleicht auch nur: witzig amüsieren), und die Vertreter der Anklage und des Gerichts springen mit den der Ermordung entgangenen Zeugen härter um als mit den Tätern, zu denen ein Verhältnis von gleich auf gleich hergestellt wird.

Schließlich werden die grausigen Fakten zum reinen Unterhaltungsstoff. Der Bericht über die Folterungen auf der Boger-Schaukel ist inszeniert als Talk-Show, bei der die Teilnehmer Auftrittsapplaus und die Zeugen Beifall für besonders gute Gedächtnisleistungen erhalten; prustend und kichernd erzählt eine der beiden Frauen (Marianne Dietz und Regina Tagon) die ungeheuerlichsten Geschichten so, als handele es sich um Schwänke aus ihrer Jugendzeit. Beim Verhör über sexualmedizinische Versuche im Frauenblock geilen sich die Verhörenden an den intimen Auskünften über Sterilisationsmethoden und ähnliches auf. Die Ausflüchte eines Medizinprofessors, der ›von nichts wußte‹, spielen die maskierten Zanni der Commedia dell'arte. Beim Disput über den Massenmord mit der Giftspritze teilt ein Quizmaster Zeugen und Angeklagtem Punkte zu (und letzterem mehr als ersterem).

Da sich aber – wenn auch nur im Spiel – auch die Darsteller [...] vom Beginn der Party an am Sekt gütlich getan haben, alkoholisiert sich das Spiel zusehends und zuhörends. Die Sitten lockern, die Manieren enthemmen sich; man wirkt angesäuselt, stottert, ist schließlich betrunken – und gerät in einen allgemeinen Entschuldigungsrausch. Es war, so hört man dann, alles nicht so schlimm; schließlich war damals Krieg, und jedermann habe seine Pflicht zu erfüllen gehabt. Zwanzig (oder auch fünfunddreißig) Jahre später möchten die kleinbürgerlichen Schergen von Auschwitz in Ruhe gelassen werden; ›heute, da unsere Nation sich wieder zu einer führenden Nation emporgearbeitet hat‹, sollten die ›Vorwürfe‹ als ›längst verjährt gelten‹.

Die Aufführung, ein Beitrag auch zur Verjährungsdebatte, kehrt hier zum originalen Schlußwort von Peter Weiss zurück, der der Fähigkeit der Deutschen zur Trauerarbeit und zum Bekenntnis ihrer Schuld schon 1965 nicht so recht traute und sich mit dieser Inszenierung imgrunde fortgedacht fühlen müßte. Schulte-Michels hat eine hochinteressante, spannende, das Publikum unmittelbar bewegende Theateraufführung zustande gebracht, die für den Text möglicherweise eine neue Rezeptionsphase einleiten könnte.«

(Theater heute, H. 5/1979, S. 60)

FREIE VOLKSBÜHNE WEST-BERLIN (8. MÄRZ 1980)

Grauen als Glamour... (Günther Grack)

»Das Musterbeispiel einer von vornherein unsinnigen, ganz und gar nichtsnutzigen, ihren Gegenstand von Grund auf verfehlenden Regiekonzeption – so etwas sieht man selten, selbst heute. Soviel Freiheiten die Regisseure sich auch nehmen, soviel Verrücktheiten sie sich gestatten mögen, der totale Mißgriff ist immer noch eine Ausnahmeerscheinung. Ein solches Unglück ist jetzt, unbegreiflicherweise, der Freien Volksbühne Berlin passiert: ›Die Ermittlung‹, Peter Weiss' Konzentrat des Frankfurter Auschwitz-Prozesses, inszeniert von Thomas Schulte-Michels – als Talk-Show.

[...] ›Für unser Zeitverhalten typisch‹? Anders als Gerd Vielhaber, der sich vor Jahresfrist an dieser Stelle von Schulte-Michels' Regiekonzeption beeindruckt zeigte, vermag ich nicht zu sehen, wie die Kontrastierung des mörderischen KZ-Geschehens von gestern mit den oberflächlichen Reizen der Vergnügungsindustrie von heute samt Suff und Sex zu irgend etwas Aussagekräftigem führen sollte. Die Bemühungen des Regisseurs und der acht Darsteller lenken von Peter Weiss' (sehr stark gekürztem) Text, seinem Inhalt und seiner Bedeutung, nur ab; eine junge Zuschauergeneration, die ›Die Ermittlung‹ nicht schon kennt, wird am Ende der anderthalb Stunden nicht mehr von den KZ-Realitäten begriffen haben, als sie schon vorher im Schulunterricht oder durch ›Antifaschistische Tage‹ erfahren hatte. Der Aufklärungswert der Unternehmung ist gleich Null, der Peinlichkeits-Pegel um so höher.«

(Der Tagesspiegel, 11.3.1980)

Roßkur (Urs Jenny)

»Die Berliner Volksbühne spielt das Auschwitz-Prozeß-Stück ›Die Ermittlung‹ von Peter Weiss, aber nicht asketisch zum ›Oratorium‹ stilisiert, wie sich das einst der Autor gedacht hat, sondern als grelle, obszöne, absichtsvoll schmierige Tingel-Show. [...]
Vor 15 Jahren, als ›Die Ermittlung‹ von Piscator in derselben Berliner Volksbühne uraufgeführt wurde [...], war das ganz anders. Damals warf das Theater sich landauf, landab in Sack und Asche, um dem grauenhaften Gegenstand in scheuer Pietät zu nahen. Die Scham-Parole hieß: Verzicht auf alle theatralischen Mittel – als müßte das Theater, um Ernst zu bekunden, sich erst einmal demonstrativ seiner selbst schämen. In monumentaler Verlegenheit wurde damals auf den deutschen Bühnen Auschwitz abgefeiert und dann mit einem Erleichterungsseufzer ad acta gelegt – unwirksam wie jede Kunstübung, deren Ursprung nur guter Wille und schlechtes Gewissen sind. So unbetroffen kommt jetzt in Berlin niemand davon, dafür zielt die Veranstaltung zu massiv unter die Gürtellinie. Schamlos bekennt dieses Theater sich zu seinen Mitteln, den schamlosesten, niedrigsten, gröbsten. [...] So macht dieser Brutal-Angriff auf die ›Wahrheit unserer Zeit‹ den theatralischen Umgang mit Tabus doch kein bißchen offener oder freier: Mutig provoziert die Tingeltangel-Roßkur im Publikum Emotionen – und würgt sie dann einfach ab. Damit keiner an seinen Gefühlen ersticken muß, findet ja anschließend im Foyer eine Diskussion statt.«

(Der Spiegel 13/24.3.1980)

Künstlerisch wie politisch legitim (Roland H. Wiegenstein)

»Aber es ist Thomas Schulte-Michels und seinen durchweg guten Schauspielern gelungen, ins arge, böse, perfide Spiel Momente von eigener Betroffenheit zu integrieren, sich selbst dem gleichen Test auszusetzen, dem sie die Zuschauer unterziehen. Das rechtfertigt, glaube ich, selbst die schlimmsten Szenen, macht sie künstlerisch wie politisch legitim. [...]
Die Lemuren, die sich da Sekt schlürfend Aussagen von ›Papa Kaduk‹ und jenem Boger zuwerfen, dessen ›Erfindung‹, das Folterinstrument ›Boger-Schaukel‹, immer noch im Gebrauch ist zwischen Chile und Kambodscha, sind unsere Zeitgenossen. Und dagegen protestiert diese Inszenierung – im Namen der Opfer. Ihr Kunstmittel ist der Hohn, der aus der schieren Verzweiflung kommt und aus dem schutzlosen Versuch, mit solchem Hohn doch noch die Trauerarbeit zu provozieren, die uns der Alltag verweigert durch ein Zuviel an Schrecken. Diese Aufführung prüft die Dicke unserer Haut. Das ist ihre Würde.«

(Frankfurter Rundschau, 12.3.1980)

7 Literaturverzeichnis

Die Fülle von Beiträgen zur *Ermittlung* macht es notwendig, auf Angaben von Zeitungsartikeln (Tages- und Wochenpresse) fast gänzlich zu verzichten (Ausnahme: Interviews mit P. Weiss) und auch andernorts erschienene Artikel nur auswahlweise aufzunehmen. Beiträge und Schriften mit bibliographischen Angaben, die über unsere noch hinausführen, werden mit (B) gekennzeichnet.

1. Textausgaben

Frankfurter Auszüge. (Vorarbeiten zur »Ermittlung«). In: Kursbuch 1/1965, S. 152–188.
Die Ermittlung. (Im Vorabdruck). In: Theater 1965. Sonderheft der Zs. Theater heute, August 1965, S. 57–87.
Die Ermittlung. Oratorium in 11 Gesängen. Frankfurt/M.: Suhrkamp 1965 (Mit Varianten); ²1965 (Mit weiteren Varianten).
Die Ermittlung. Oratorium in 11 Gesängen. Berlin/DDR 1965.
Die Ermittlung. Oratorium in 11 Gesängen. In: *P. Weiss*, Dramen 2. Frankfurt/M.: Suhrkamp 1968, S. 7–199.
Die Ermittlung. Oratorium in 11 Gesängen. Reinbek: Rowohlt 1969 (= rororo theater 1192). (Zitiert wird nach dieser Einzelausgabe, September 1981).
Die Ermittlung. Oratorium in 11 Gesängen. In: *P. Weiss*, Stücke I. Frankfurt/M.: Suhrkamp ²1980 (= edition suhrkamp 833), S. 257–449.
Die Ermittlung. Oratorium in 11 Gesängen. In: Spectaculum 33. Vier moderne Theaterstücke. Frankfurt/M. 1980, S. 141–302.

2. Für die »Ermittlung« relevante Texte und Gespräche des Autors

Weiss, Peter: Abschied von den Eltern. Erzählung. Frankfurt/M. ⁴1968 (= edition suhrkamp 85).
Weiss, Peter: Fluchtpunkt. Roman. Frankfurt/M. 1966 (= edition suhrkamp 125).
Weiss, Peter: Notizbücher 1960–1971, Bd. 1–2. Frankfurt/M. 1982 (= edition suhrkamp 1135; Neue Folge 135).
Weiss, Peter: Notizbücher 1971–1980, Bd. 1–2. Frankfurt/M. 1981 (= edition suhrkamp 1067; Neue Folge 67).
Weiss, Peter: Rapporte. Frankfurt/M. 1968 (= edition suhrkamp 276).
Darin u.a. enthalten: Meine Ortschaft, S. 113–124; Vorübung zum dreiteiligen Drama divina commedia, S. 125–141; Gespräch über Dante, S. 142–169. (Dort Hinweise auf Erstabdrucke der Texte).
Weiss, Peter: Rapporte 2. Frankfurt/M. 1971 (= edition suhrkamp 444).
Darin u.a. enthalten: 10 Arbeitspunkte eines Autors in der geteilten Welt, S. 14–23; Antwort auf eine Kritik zur Stockholmer Aufführung der »Ermittlung«, S. 45–50; Notizen zum dokumentarischen Theater, S. 91–104. (Dort Hinweise auf Erstabdrucke der Texte).
Materialien zu *Peter Weiss'* »Marat/Sade«. Zusammengestellt v. *Karlheinz Braun.* Frankfurt/M. 1967 (= edition suhrkamp 232).
Darin u.a. enthalten: *Ernst Schumacher:* Gespräch mit Peter Weiss, August 1965, S. 102–111.
Girnus, Wilhelm / Mittenzwei, Werner: Gespräch mit Peter Weiss. In: Sinn und Form 17 (1965), H. 5, S. 678–688.
»Die Bundesrepublik ist ein Morast«. Spiegel-Interview mit dem Dramatiker Peter Weiss. In: Der Spiegel 12/1968, S. 182–184.
Roos, Peter: Gespräche mit Peter Weiss. In: die horen 125/1982, S. 81–107.
Arnold, Heinz Ludwig: Ohne Haß kann man nicht angreifen. Peter Weiss im Gespräch. In: Die Zeit, Nr. 5, 29.1.1982.

3. Monographien, Sammelbände und größere Studien ausschließlich zum Werk des Autors, insbesondere zur »Ermittlung«

Best, Otto F.: Peter Weiss. Vom existenzialistischen Drama zum marxistischen Welttheater. Eine kritische Bilanz. Bern, München 1971.

Canaris, Volker (Hg.): Über Peter Weiss. Frankfurt/M. 1970 (= edition suhrkamp 408). (B)

Haiduk, Manfred: Der Dramatiker Peter Weiss. Berlin/DDR ²1977.

Hilton, Ian: Peter Weiss. A search for affinities. London 1970 (= Modern German authors: texts and contexts 3).

Kehn, Wolfgang: Von Dante zu Hölderlin. Traditionswahl und Engagement im Werk von Peter Weiss. Köln, Wien 1975.

Krause, Rolf D.: Faschismus als Theorie und Erfahrung. »Die Ermittlung« und ihr Autor Peter Weiss. Frankfurt/M., Bern 1982 (= Europäische Hochschulschriften, Reihe 1, Deutsche Sprache u. Literatur 532).

Müller, Fred: Peter Weiss. Drei Dramen. München 1973.

Rischbieter, Henning: Peter Weiss. Velber 1967 (= Friedrichs Dramatiker des Welttheaters 45).

Salloch, Erika: Peter Weiss' DIE ERMITTLUNG. Zur Struktur des Dokumentartheaters. Frankfurt/M. 1972.

Schmitz, Ingeborg: Dokumentartheater bei Peter Weiss. Von der »Ermittlung« zu »Hölderlin«. Frankfurt/M., Bern 1981 (= Europäische Hochschulschriften, Reihe 1, Deutsche Sprache u. Literatur 377).

Text + Kritik, Zs. f. Literatur, H. 37/1973: Peter Weiss; 2. völlig veränderte Auflage 1982. (B)

Vormweg, Heinrich: Peter Weiss. München 1981 (= Autorenbücher 21).

4. Weiss' Werk im Rahmen von umfassenden Studien zum Modernen Drama und zur dokumentarischen Methode

Akzente 13 (1966), H. 3: Dokumentartheater – und die Folgen. (Beiträge von Hellmuth Karasek, Joachim Kaiser, Urs Jenny, Ernst Wendt und Richard Hey).

Arnold, Heinz Ludwig / Buck, Theo (Hg.): Positionen des Dramas. Analysen und Theorien zur deutschen Gegenwartsliteratur. München 1977.

Blumer, Arnold: Das dokumentarische Theater der sechziger Jahre in der Bundesrepublik Deutschland. Meisenheim/Glan 1977 (= Hochschulschriften, Lit.wissenschaft 32).

Buddecke, Wolfram / Fuhrmann, Helmut: Das deutschsprachige Drama seit 1945. Schweiz, Bundesrepublik, Österreich, DDR. Kommentar zu einer Epoche. München 1981.

Durzak, Manfred: Dürrenmatt, Frisch, Weiss. Deutsches Drama der Gegenwart zwischen Kritik und Utopie. Stuttgart 1972.

Esslin, Martin: Jenseits des Absurden. Aufsätze zum modernen Drama. Wien 1972.

Esslin, Martin: Das Theater des Absurden. Reinbek ⁶1971 (= rde 234).

Geiger, Heinz: Widerstand und Mitschuld. Zum deutschen Drama von Brecht bis Weiss. Düsseldorf 1973 (= Lit. in der Gesellschaft 9).

Hilzinger, Klaus Harro: Die Dramaturgie des dokumentarischen Theaters. Tübingen 1976 (= Untersuchungen zur deutschen Lit. geschichte 15).

Kesting, Marianne: Panorama des zeitgenössischen Theaters. 58 literarische Porträts. Revid. u. erw. Neuausg. München 1969.

Mennemeier, Franz Norbert: Modernes Deutsches Drama. Kritiken und Charakteristiken. Bd. 2: 1933 bis zur Gegenwart. München 1975 (= UTB 425).

Motekat, Helmut: Das zeitgenössische deutsche Drama. Einführung und kritische Analyse. Stuttgart, Berlin 1977 (= Sprache und Literatur 90).

Neumann, G. / J. Schröder / M. Karnick: Dürrenmatt, Frisch, Weiss. Drei Entwürfe zum Drama der Gegenwart. Mit einem einl. Essay von Gerhart Baumann. München 1969.

Riewoldt, Otto F.: Von Zuckmayer bis Kroetz. Die Rezeption westdeutscher Theaterstücke durch Kritik und Wissenschaft in der DDR. Berlin 1978.

Schütz, Erhard / Vogt, Jochen u.a.: Einführung in die deutsche Literatur des 20. Jhs. Bd. 3: Bundesrepublik und DDR. Opladen 1980.

Taeni, Rainer: Drama nach Brecht. Möglichkeiten heutiger Dramatik. Basel 1968 (= Theater unserer Zeit 9).

Thomas, R. Hinton / Bullivant, Keith: Westdeutsche Literatur der sechziger Jahre. München 1975 (= dtv WR 4157).

5. Essays und Einzelinterpretationen

Peter Weiss. Die Ermittlung. In: Volksbühnenspiegel 11 (1965), H. 11, S. 18f.

Weiss. Gesang von der Schaukel. In: Der Spiegel 43/1965, S. 152–165.

Best, Otto, F.: Selbstbefreiung und Selbstvergewaltigung. Der Weg des Peter Weiss. In: Merkur 24 (1970), H. 270, S. 933–948.

Braun, Karlheinz: Schaubude-Irrenhaus-Auschwitz. Überlegungen zum Theater des Peter Weiss. In: Materialien zu Peter Weiss' »Marat/Sade«, hg. v. K. Braun. Frankfurt/M. 1967, S. 136–155.

Drexel, Ingrid: Propaganda als Gottesdienst. In: Kürbiskern 2/1966, S. 90–95.

Fiebach, Joachim: Marginalien zu einem deutschen Oratorium. In: Kürbiskern 2/1966, S. 96–99.

Hädecke, Wolfgang: Zur »Ermittlung« von Peter Weiss. In: Neue Rundschau 1/1966, S. 165–169.

Hartmann, Karl-Heinz: Peter Weiss: Die Ermittlung. In: Harro Müller-Michaels (Hg.), Deutsche Dramen. Interpretationen zu Werken von der Aufklärung bis zur Gegenwart. Bd. 2: Von Hauptmann bis Botho Strauß. Königstein/Ts. 1981 (= Athenäum TB Litwiss. 2163), S. 163–183.

Hosfeld, Rolf / Kreutzer, Michael: Eine einsame Provokation. Die West-Berliner Inszenierung der »Ermittlung« von Peter Weiss und die Problematik juristischer Faschismusbewältigung. In: Das Argument 23 (1981), H. 125, S. 61–69.

Hübner, Paul: Auschwitz, Vichy, O'Neill und Claudel. In: Wirkendes Wort 15 (1965), H. 4, S. 417–424.

Jens, Walter: »Die Ermittlung« in Westberlin. In: V. Canaris (Hg.), Über Peter Weiss. Frankfurt/M. 1970, S. 92–96.

Karasek, Hellmuth: Theater nach Auschwitz. In: Radius 14 (1968), H. 1, S. 17–27.

Marcuse, Ludwig: Was ermittelte Peter Weiss? In: Kürbiskern 2/1966, S. 84–89.

Nehring, Wolfgang: Die Bühne als Tribunal. Das Dritte Reich und der Zweite Weltkrieg im Spiegel des dokumentarischen Theaters. In: Gegenwartsliteratur und Drittes Reich. Deutsche Autoren in der Auseinandersetzung mit der Vergangenheit. Stuttgart 1977, S. 69–94.

Peuckmann, Heinrich: Peter Weiss: »Die Ermittlung«. Eine Unterrichtseinheit. In: Sammlung. Jahrb. f. antifaschistische Literatur und Kunst 3/1980, S. 190–200.

Piscator, Erwin: Nach-Ermittlung. In: Kürbiskern 2/1966, S. 100–102.

Schöfer, Erasmus: Hinweise zu einer notwendigen »Ermittlung«. In: Wirkendes Wort 16 (1966), H. 1, S. 57–62.

Schoenberner, Gerhard: Die Ermittlung von Peter Weiss: Requiem oder Lehrstück? In: Gewerkschaftliche Monatshefte 16 (1965), H. 12, S. 738–745.

Schumacher, Ernst: »Die Ermittlung« von Peter Weiss. Über die szenische Darstellbarkeit der Hölle auf Erden. In: V. Canaris (Hg.), Über Peter Weiss. Frankfurt/M. 1970, S. 69–91.

Stocker, Karl: Vermittlung der »Ermittlung«? In: Blätter für den Deutschlehrer 10 (1966), H. 2, S. 33–43.

Thurm, Brigitte: An den Gegenspieler im Publikum. Zu dem neuen Stück von Peter Weiss. »Die Ermittlung«. In: Sonntag (Berlin Ost), Nr. 25, 20.6.1965, S. 9–12.

Thurm Brigitte: Gesellschaftliche Relevanz und künstlerische Subjektivität. Zur Subjekt-Objekt-Problematik in den Dramen von Peter Weiss. In: Weimarer Beiträge 15 (1969), H. 5, S. 1091–1102.

Vegesack, Thomas von: Dokumentation zur »Ermittlung«. In: Kürbiskern 2/1966, S. 74–83.

Vormweg, Heinrich: Das Engagement des Peter Weiss. In: Merkur 19 (1965), H. 212, S. 1096–1099.

Wendt, Ernst: Was wird ermittelt? In: Theater heute 1965, H. 12, S. 14–18.

Wolffheim, Elsbeth: Nachwort zu »Die Ermittlung« von Peter Weiss. In: Spectaculum 33. Frankfurt/M. 1980, S. 317–324.

6. Texte und Dokumentationen zum politischen Hintergrund des Stückes und zum Neofaschismus

Adler, H.G. / Langbein, Hermann / Lingens-Reiner, Ella (Hg.): Auschwitz. Zeugnisse und Berichte. Köln, Frankfurt/M. ²1979.

Adorno, Theodor W.: Erziehung nach Auschwitz. In: *Ders.,* Kulturkritik und Gesellschaft II. Frankfurt/M. 1977, S. 674–690 (= Adorno, Gesammelte Schriften 10,2).

Antoni, Ernst: KZ. Von Dachau bis Auschwitz. Faschistische Konzentrationslager 1933–1945. Frankfurt/M. 1979.

Arendt, Hannah: Eichmann in Jerusalem. Ein Bericht von der Banalität des Bösen. München 1964.

Auschwitz. Geschichte und Wirklichkeit des Vernichtungslagers. Reinbek 1980 (= rororo sachbuch 7330).

Bergmann, Uwe / Dutschke, Rudi: Rebellion der Studenten oder Die neue Opposition. Reinbek 1968 (= rororo aktuell 1043).

Biermann, Georg: Neofaschismus in der Bundesrepublik. Köln 1982.

Demant, Ebbo (Hg.): Auschwitz – »Direkt von der Rampe weg...«. Kaduk, Erber, Klehr: Drei Täter geben zu Protokoll. Mit einer Einf. von Axel Eggebrecht. Reinbek 1979 (= rororo aktuell 4438).

Hennig, Eike: Neonazistische Militanz und Rechtsextremismus bei Jugendlichen. Wiesbaden 1982.

Kogon, Eugen: Der SS-Staat. Das System der deutschen Konzentrationslager. München 1974.

Kogon, Eugen / Metz, Johann B. / Wiesel, Elie u.a.: Gott nach Auschwitz. Dimensionen des Massenmords am jüdischen Volk. Freiburg, Basel, Wien 1979.

Langbein, Hermann: Der Auschwitz-Prozeß. Eine Dokumentation, Bd. 1–2. Wien 1965.

Märthesheimer, Peter / Frenzel, Ivo (Hg.): Im Kreuzfeuer: Der Fernsehfilm »Holocaust«. Eine Nation ist betroffen. Frankfurt/M.: ²1979 (= Fischer Tb 4213).

Naumann, Bernd: Auschwitz. Bericht über die Strafsache gegen Mulka u.a. vor dem Schwurgericht Frankfurt. Frankfurt/M., Bonn 1965.

Reitlinger, Gerald: Die Endlösung. Hitlers Versuch der Ausrottung der Juden Europas 1939–1945. Berlin ⁵1979.

Die unbewältigte Gegenwart – Eine Dokumentation über Rolle und Einfluß ehemals führender Nationalsozialisten in der BR Deutschland. Frankfurt/M. 1962.

987 654 32